SONDERLICHS SONDIERUNGEN

Karsten Dahlmanns, habilitierter Hochschullehrer, seit 2004 in Polen tätig. Weitere Buchveröffentlichungen: *Das verfluchte Amerika. Stefan Georges Bildnis von Unternehmertum, Markt und Freiheit*, Würzburg 2016; *Jak sporządzać tłumaczenia poświadczone dokumentów? Wie fertigt man beglaubigte Übersetzungen von Urkunden an?*, Co-Autor: Artur D. Kubacki, Chrzanów 2014; *Germanistik in vielen Kulturen. Studien und Reflexionen*, Mitherausgeberin: Anna Majkiewicz, Częstochowa 2012; *Stadt ohne Vernunft. Über die ideologischen Voraussetzungen des Theaterstücks „Der gute Mensch von Sezuan" von Bertolt Brecht*, herausgegeben vom Liberalen Institut der Friedrich-Naumann-Stiftung für die Freiheit, Norderstedt 2010; *Wissenschaftslogik und Liberalismus. Mit dem Kritischen Rationalismus durch das Dickicht der Weltanschauungen*, mit einem Vorwort von Hans Poser, Berlin 2009.

SONDERLICHS SONDIERUNGEN

herausgegeben von

Karsten Dahlmanns

moja duša oazis goluboj

(„Meine Seele ist eine blaue Oase", Worte des russischen Dichters Konstantin Bal'mont, Edding auf Badezimmerspiegel, Sonderlichs Einzimmerwohnung in Berlin-Wedding, vor 2013)

INHALT

VORREDE DES HERAUSGEBERS

Sonderlich ist – oder war, wie ich fürchte, anfügen zu müssen – ein unscheinbarer Mann. Seiner Herkunft nach aus einfachem, ja grobem, doch nicht unvermögendem Hause in einer Gegend Westdeutschlands, die weder attraktiv noch abstoßend wirkt, unterschied er sich von seinen Klassen- und Jahrgangsgenossen darin, dass er sich weigerte, einer geregelten Arbeit nachzugehen. Dabei kam, wie schon der kaum zufällig von Margaret Thatcher geschätzte Otto von Bismarck als soziologisches Gesetz über die abnehmende Tüchtigkeit von Generationen formuliert hatte, nicht eben viel heraus. Sonderlich lebte eine Art freiwillige Schwindsucht; er liebte es, seine Umgebung zu beobachten, während er aus krankhafter Schüchternheit sich selbst mehr und mehr aus der Welt zurückzog. Sonderlich *verging* mit Freuden, zumeist, aber ohne Freunde, dabei sein Erbe langsam und stetig verbratend. Allein seinem Zahnarzt, meinem lauten Halbbruder ausgerechnet, zu dem Sonderlich Vertrauen fasste, obschon er ihm während jeder Zusammenkunft haarklein auseinanderlegte, weshalb er ihn hasse, gelang es, Näheres über seinen Patienten zu erfahren. Nach acht Jahren regelmäßiger Zahnsteinentfernung des inzwischen weit über Fünfzigjährigen durfte mein

Halbbruder sogar die Blumen in Sonderlichs Wohnung gießen – freilich nur ein einziges Mal –, als jener für zwei Wochen nach Polen pilgerte, ihm zuvor die drei verschiedenen Schlüssel zu seiner Bleibe unter einem Trommelfeuer übertriebener Komplimente aufgedrängt hatte. Viel später war auch ich in der seltsamen Behausung, tief in einem der abstoßendsten Hinterhöfe unserer beklagenswerten Hauptstadt gelegen; ohne jeden Ausblick. Jedem Besucher fallen die vielen seltenen Pflanzen unter blassviolett leuchtenden Strahlern auf. An der Stirnseite des einzigen Wohnraums hängt ein gewaltiger Kalender, der sämtliche Tage dreier Jahre verzeichnet. Auf ihm sind alle Begebnisse in Sonderlichs Leben verzeichnet, darunter, mit einer dicken roten Unterstreichung, die Termine in der Praxis meines Halbbruders. Über dem Kalender hängt ein unterarmhohes Portrait von Ernst Jünger als jungem Mann, natürlich mit dem *Pour le Mérite* und einer Unterschrift, die vom Verfasser der *Stahlgewitter* stammen könnte, vielleicht aber auch nur geschickt reproduziert wurde. Der Rahmen ist ganz sicher ein Erbstück. Er gefällt Sonderlichs Zahnarzt mehr als alles andere.

Auf den folgenden Seiten finden Sie die Papiere des heute genau tausend Tage verschollenen Sonderlich, gerechnet von der ersten professionellen Zahnreinigung, die er je bei meinem Halbbruder versäumte. Wohin es Sonderlich verschlagen hat, ob er noch lebt, bleibt schleierhaft. Wahrscheinlich geht es uns nichts an.

Was veranlasst mich, die Schriften des Verschwundenen herauszugeben? Sonderlich hat meinen Halbbruder einmal darum gebeten; halb im Scherz mit schiefgelegtem Kopf und verkrampftem Grinsen, wie stets, wenn ihm etwas wichtig war. So jedenfalls lautet der Bericht meines lieben Verwandten, der das Anliegen seines Privatpatienten schlankerhand mir überstülpte, dem einzigen Philologen in der Sippe. Mein ganz besonderer Dank gehört meiner Frau und unseren Kindern, die meine halbjährige Expedition in das Ich eines zuweilen abstoßenden Sonderlings toleriert haben.

Die Schriften selbst sind nach einer dem Herausgeber sinnfällig scheinenden Reihenfolge angeordnet, ohne dass er darüber Rechenschaft ablegen könnte. Den Anfang machen Sonderlichs Erinnerungen an Göttingen, die Stadt, in der er während der frühen achtziger Jahre studierte.

Es schließt der essayartige Text „In der Kitschkammer" an, ein antifeministisches, proklerikales Machwerk, dessen Schwarz-Weiß-Malerei nicht nur mich abstößt. Er mag jedoch zur Analyse eines ästhetisch überformten, dabei strikt antiintellektuellen Rechtspopulismus dienen, und deshalb sollte er nicht fehlen. Zumal der Text meinem Halbbruder ganz besonders zusagt; er, der paläoliberale Zahnarzt und Bedenkenträger-Verachter, nämlich fragt mich, was an Schwarz-Weiß-Unterscheidungen denn so verwerflich sei – als ob alles in der Welt so eindeutig wäre wie die Frage, ob ein Weisheitszahn herausmüsse...

Die nächste Abteilung enthält eine Auswahl Sonderlichscher Verse. Darunter befinden sich recht viele passabel geklöppelte Sonette, von denen einige auf Berlin gemünzt sind. Die Überschriften der Gedichte stammen bis auf wenige Ausnahmen vom Verfasser, der es – wie Stapel über Stapel von Notizen belegen – liebte, über sich selbst in der dritten Person zu berichten.

Der kurze Erzähltext „Der Narr von der Möckernbrücke" trägt, wie der Herausgeber vermutet, autobiographisch-selbstkritische Züge, obzwar sich keine Zeugnisse erhalten haben, die über Sonderlichs Kleidung und Haartracht in den beiden letzten Jahrzehnten des zwanzigsten Jahrhunderts Aufschluss gäben.

Der Text „Das ewige England" basiert auf der in politischer Hinsicht problematischen Lyrik Rudyard Kiplings, ohne einen kritischen Abstand zu dessen Werk zu gewinnen. In der Wohnung Sonderlichs fand sich eine Kipling-

Ausgabe, die der Beschreibung im Text entspricht (erschienen bei Hodder and Stoughton, London 1948).

„Aus dem Vorort" schildert auf recht anschauliche Weise den Aufstieg eines gewissenlosen, aus rätselhaften Gründen auch misogynen jungen Mannes. Wahrscheinlich suchte Sonderlich in dieser Erzählung zu verdeutlichen, welche Gefahren einem begabten, aber lieblosen Geist drohen. Es wirkt jedoch äußerst zweifelhaft, dass sich geistes- und sozialwissenschaftliche Theorien so einfach als Machtmittel einsetzen lassen, wie der Text nahelegt.

Sonderlichs etwas naiv wirkende dystopische Etüde „An der Grenze" bildet den Abschluss des gegenwärtigen Bandes.

Der Zeichenstand und sonstige Eigentümlichkeiten des Originals wurden erhalten. Dies gilt auch für sämtliche Passagen weltanschaulich haarsträubenden Inhalts. Es mag nicht schaden, wenn ich mich an diesem Ort für alle Geschmack- und Gedankenlosigkeiten Sonderlichs entschuldige, die nachfolgend wiedergegeben werden, sein mangelndes Gespür für politischen und ästhetischen Anstand, sein Defizit an Auf- und Abgeklärtheit, mich bis aufs Knochenmark davon distanziere. Pfui, pfui, pfui, so wahr mir alles, was bundesdeutschen Demokraten, ja sozial verantwortlichen

13

Menschen überall auf der Welt heilig ist, helfe! Mein Halbbruder, der Zahnarzt, ist schuld; er und sein unverschämtes Honorar.

Der Herausgeber

GÖTTINGEN ALS LEBENSFORM

Den Anfang bildete stets die Lederjacke. Kamen junge Frauen aus dem näheren oder ferneren Umland nach Göttingen, um zu studieren, sahen sie – horribile dictu – „bürgerlich" aus: eine unbeholfene und daher rührende Weiblichkeit ausstrahlend; nicht selten provinziell, was das Arrangement von Bluse, Pullover und Jacke anging; beflissen umherblickend und Eindrücke aufsaugend, weil sie ja etwas lernen wollten und sich nun endlich in einer jener „klassischen" deutschen Universitätsstädte, mithin auf der ersten Stufe dessen befanden, was ihren Aufstieg in die große weite Welt ausmachen würde. Göttingen *war* etwas, Göttingen war in der Literatur. Nicht bloß bei Heine, dessen mäßig geistreicher Harzreise-Eröffnung. Sondern auch bei Puschkin – im russischen Nationalepos *Eugen Onegin*:

По имени Владимир Ленской,
С душою прямо геттингенской,
Красавец, в полном цвете лет,
Поклонник Канта и поэт.
Он из Германии туманной
Привез учености плоды:
Вольнолюбивые мечты,
Дух пылкий и довольно странный,
Всегда восторженную речь
И кудри черные до плеч.

(Ein schöner Mann namens Vladimir Lenskij, mit einer unverstellt göttingischen Seele, in seinen schönsten Jugendjahren, Anhänger Kants und Dichter. Aus dem neblichten Deutschland brachte er die Früchte der Gelehrsamkeit mit: freiheitsverliebte Träume, einen leidenschaftlichen und ziemlich seltsamen Geist, stets begeisterte Rede und schwarze Locken, die ihm bis auf die Schultern fielen.)

Das hatte Klang. Nur dürfte es den meisten jungen Frauen (und Männern), die in die südniedersächsische Provinz zogen, um Scheine und schließlich ein Diplom zu erwerben, unbekannt geblieben sein. Dafür wurde ihnen Heines Harzreise bei jeder passenden und unpassenden Gelegenheit um die Ohren geschlagen; das Lehrpersonal an einer Massenuniversität ist – das Lehrpersonal an einer Massenuniversität.

Bedenklich „bürgerlich" in Anmutung und Einstellung, trippelten die Neuzugänge in viel zu bunter Kleidung gegossene Treppen mit viel zu breiten, weil ebenfalls gegossenen Brüstungen empor und hinab, hörten, wo kein verfleckter Teppich den Ton dämpfte, das Geklacker der letzten eleganten Schuhe von lebenslustiger Farbe, die sie sich in den kommenden Jahren kaufen sollten, und schauten verwundert auf einige Obdachlose, die ihr Gewohnheitsrecht im zentralen Vorlesungsgebäude auslebten: Irgendwo hier mußte es sich verbergen, das Hohe und Feierliche, von Humboldt Ererbte.

Die Erstsemester hatten recht. Das Hohe und Feierliche gab es. Aber selten, wie der Mathematiker Carl Friedrich Gauß veranschaulicht hatte, dessen Normalverteilung zusammen mit seinem Konterfei und örtlichen Baudenkmalen auf der letzten 10-DM-Banknote zu sehen war. Hier und dort ein geistreicher Dozent: der den Gott erscheinen ließ. Zumeist jedoch steckte der Geist dort, wo man ihn aufstöbern mußte. In den schlecht durchlüfteten Institutsbibliotheken.

Eine der frisch Eingetroffenen – nennen wir sie aus historischen Gründen und auch deshalb Fredegunde, weil ein solcher Name alberne Verdächtigungen hervorrufen wird – stand in ihrem neuen Quartier, einer Wohnbox von knapp sechzehn Quadratmetern, in die Naßzelle und Küchenzeile (mit zwei Flammen) gezwängt worden waren. Sie ließ ihren Blick über die blaß beigefarbenen Wände gleiten, von der Zwischentür mit Gußglaseinsatz, hinter der nach einhundertzwanzig Zentimetern eine schwere Holztür mit Sicherheitsbeschlag die Mündung in einen fensterlosen Korridor verschloß, auf dessen beiden Seiten je vier gleichartige Studentenappartements aufgereiht waren, zum zweiflügeligen Fenster in der Gaube. Rechts und links war ein wenig Dachschräge zu sehen. Das sorgte für einen Hauch Mansardenromantik. Gunde – so nannte sie sich selbst – trat auf dem kaffeebraunen Teppichboden ans Fenster: Ein Hof in der Göttinger Altstadt, Fachwerk und Beton, Grün und Grau in erträglichen Anteilen. Nicht weit von ihrem Fenster führten vier Edelstahlrohre Gerüche aus der Bäckerei und dem Imbiß im Erdgeschoß vorbei. Wenn sie sich weit hinauslehnte, konnte sie ihr Gesicht auf ihnen erkennen.

Gunde studierte ein Massenfach an einer Massenuniversität. Seit reichlich einem Monat am Germanistik-Institut, wußte sie inzwischen über mancherlei bescheid. Sie trug den leuchtend gelben und den pfirsichfarbenen Pullover seltener, weil sie solche Farben wenig an ihren Kommilitoninnen sah, besaß eine Seminarkarte – eine Art Meta-Ausweis von rätselhaftem Belang, den Studenten der Deutschen Philologie nach Vorlage ihres Studentenausweises erhielten –, hatte ihre Finger über die Buchrücken im Kellergeschoß und dem Hochparterre gleiten lassen, zwei schmale Bände über ein Wochenende ausgeliehen, um zu sehen, ob sie das Procedere verstanden hatte. Vor allem aber hatte sie sich inzwischen mit einem selbsterarbeiteten Stundenplan versehen – sie wußte, welche Lehrveranstaltungen sie belegen würde, um Scheine zu erwerben, und was sie dafür würde leisten müssen: Referate halten und Hausarbeiten schreiben. Da gab es manches Rätselhafte in Primär- und Sekundärliteratur; bedrohlicher freilich wirkten die Gunde in mehr als einer Hinsicht beeindruckenden Kommilitonen. Unter ihnen war eine Professorentochter mit langem, langem Hals und hohem Selbstbewußtsein, die den *Zauberberg* schon mit Siebzehn verstanden hatte und niemals einen Hauptsatz nach „weil" folgen ließ; ein westfälischer Student, der allen von seinem Stipendium zu erzählen und Aristoteles im Original zu lesen pflegte; ein hochgewachsenes, nicht besonders kluges Jesus-Imitat mit sanfter, viriler Stimme, dessen Augen auf Gunde ruhten, wenn die Professorentochter sich verspätete.

In der achten oder neunten Studienwoche stellte sich eine gewisse Enttäuschung ein. Kehrte Gunde durch den fensterlosen Korridor in ihre Wohnbox zurück, fühlte sie sich erschöpft und unausgefüllt. War es der Lärm in der Massenmensa mit den Plastikstühlen, deren Wände und Boden alle Geräusche dreifach verstärkten? Jede Verständigung bedurfte des

Anschreiens. Immerhin aß Gunde kaum mehr allein, wie es in den ersten beiden Wochen gewesen war. Das erleichterte sie; denn sie hatte bisher in ihrer Familie gelebt. Dort hatte sich immer ein Plausch gefunden, ob mit den beiden Geschwistern oder den Eltern.

Die Abende waren am schwersten. Lange Spaziergänge halfen über die düstersten Stunden, führten jedoch stets in die beige- und kaffeefarbene Dachwohnung zurück. Heute erst hatte Gunde wieder ein Taschenbuch gekauft, das sie kaum lesbar fand, aber in der Seminar-Ankündigung empfohlen war, um sich etwas zu gönnen. Zwei der fünf Regalbretter rechts neben ihrer gewollt minimalistischen Schlafstatt, einer Matratze auf einem Lattenrost – Gunde fand das „studentisch" –, waren bereits mit gelehrten Paperbacks gefüllt. Sie werden bei jedem Umzug in Kartons wandern, um wieder ihren Platz einzunehmen. Wohnorte und Regal-Typen werden wechseln, die Bücher ungelesen bleiben. Darin freilich liegt kein Vorwurf an unsere Heldin.

Es war nicht nur die Einsamkeit, die Gunde zu schaffen machte. Hinzu kam ein diffuses Mangelempfinden, hatte sie doch davon geträumt, sich mit dem Studium der deutschen Literatur eine hohe, beseelende Welt zu erschließen. Statt dessen zählte Gunde Versfüße, quälte sich durch verquaste Texte über die Literatur der frühen Bundesrepublik Deutschland oder dummdreist Psychologisierendes zum Autor-Begriff. Adorno bereitete ihr Kopf- und Gliederschmerzen; Popper kannte sie nicht, deshalb verfügte sie über kein Gegenmittel. Wie hatte sie doch Hermann Hesse geliebt, die Gute! Nun war das vorbei.

Viele Mitstudenten enttäuschten Gunde. Das galt für fast alle, die sie nicht einschüchterten. Kürzlich erst saß sie in einem hallenden Gang des Altbaus, in dem das Germanistik-Institut untergebracht war, und unterhielt sich mit einem sehr schlanken Schwarzhaarigen aus dem Habichtswald über das Wie und Wozu des Studiums, der doch tatsächlich entgegnet hatte, während er seine grotesk behaarten Arme hinter dem Kopf verschränkte: „Nun, wir Lehrer", er meinte Lehramtsstudenten, „brauchen ja ein Hauptfach. Mathe kann ich nich'. Naturwissenschaften, das ist auch nich' mein Ding. Da bot sich Deutsch an."

Kontakt mußte her, und besser noch: tieferer Sinn. Gunde war entschlossen, beides zu gewinnen. Da bot sich das Politische an. In Göttingen hieß das: Engagement auf der Linken. Die Nachfolger Robespierres walteten in der südniedersächsischen Kleinstadt nach Gutsherrenart. Göttingen gehörte ihnen, sie machten, was sie wollten; und die gescheitelten Vertreter der (damals noch) bürgerlichen Seite ließen während der Flugblatt-Verteilung vor der (verstörend lauten) Massenmensa durch ihre Körperhaltung ahnen, daß sie es wußten. Trotziger wirkten die Burschenschaftler in ihren trutzigen Villen; die hatten wohl auch Spaß dabei; aber sie waren für fast alle anderen in den Seminarräumen, Vorlesungssälen und Bibliotheken, und daher auch für Gunde, jenseits von Gut und Böse. Durchaus pragmatischen Charakters war die Finanzierung der studentischen Linken; sie floß zu nicht geringen Teilen aus Geldern, die alle Studenten als Semesterbeitrag zu entrichten hatten. Für die politisch opportune Fließrichtung sorgten einschlägig bestückte Gremien studentischer Selbstverwaltung. Hegemonie schafft Hegemonie.

Tatsächlich gefielen einige jener wohlsituierten Rebellen Gunde. Sie *wollten* etwas; das unterschied sie von dem schwarzbehaarten Schlacks, mit dem sie gesprochen hatte. Sie zählten keine Versfüße, sondern die Stunden, bis daß ein Umbruch der Welt die Erlösung bringen werde. Sie rochen interessant und gaben sich gesellig. Schon drei Abende hintereinander hatte Gunde mit ihnen in einer Kellerkneipe zu kaltes Flaschenbier getrunken, und heute abend würde sie wieder in den Zigarettenqualm hinabsteigen, um sich über den Klassencharakter der Bundesrepublik Deutschland und das verbrecherische Wesen der westlichen Welt zu empören. Die roten Augen war das wert. Nur mußte eine andere Jacke her. Aus Leder am besten.

Gunde gehörte nun dazu. Sie plauderte halb unter der Erde mit weiteren jungen Frauen, die ihre karobehemdeten Emanzipationshelfer umgaben, und lernte zu rauchen. Sie übte auch die angemessene, das heißt: irgendwie existentialistische Haltung der Kippe zwischen den Fingern, gefiel sich selbst dabei und einem der Genossen, der sich Kalle nennen ließ. Der starrte Gunde unverhohlen an. Wie ungeschickt war es doch, daß sie gerade heute, aus Mangel an Alternativen, den pfirsichfarbenen Pullover unter der Lederjacke trug. Es war bereits bemerkt worden, daß dessen Hersteller Kinderarbeit nutzte und wenigstens zu Teilen einem israelischen Konsortium gehörte – ein Umstand, den die in jenem Keller uniformhaft verbreiteten Palitücher inkriminierten. Und da gab es noch ein weiteres Problem. Gunde hatte nie mit einem Mann geschlafen. Hier schämte sie sich dafür; wie bürgerlich und dumm war das doch.

Einige Tage später hatte sich Gunde das Haar färben lassen. Hennarot, wie damals üblich. Sie trug den ungehörigen Pullover nicht mehr, war kaum noch zu unterscheiden. Zeit für die letzte Initiation, obwohl sie diesen Kalle nicht liebte, nicht einmal verliebt war. Noch zwei Bier, und das Ekelgefühl würde verschwinden.

Freilich besteht kein Grund zur Sorge. Gunde weiß fortan, was sie innerhalb und außerhalb der Universität zu denken und zu sagen hat. Sie wird einige Jahre leicht aufgedunsen sein, später jedoch, als Gymnasiallehrerin im Oldenburgischen, wenn Göttingen weit hinter ihr liegt, auf ihre Erscheinung achten und nur noch wenige Zigaretten pro Tag rauchen. Es wird ihr und ihren Schülern schwerfallen, in der Freiheit das Gute, der Westbindung der Bundesrepublik Deutschland etwas nicht zur Disposition Stehendes und, nach einschlägiger Lektüre, in Männern und dem Männlichen etwas Wertvolles zu erkennen, aber schließlich wird sie mit sieben-acht Jahren Verspätung eine Familie gründen. Die Zigaretten fallen nun ganz fort. Fredegundes Kinder, ein Junge und ein Mädchen, werden noch albernere Vornamen tragen, aber das fällt kaum auf.

IN DER KITSCHKAMMER

Die Kitschkammer ist überall, und sie dehnt sich aus. Sie befindet sich an wenig offensichtlichen Orten, aber auch dort, wo man es erwartet. Steigen Sie einige Treppen in einem mäßig gepflegten Hamburger Mietshaus hinauf, das auf der „richtigen" Seite der Innenstadt liegt, und treten Sie in die überraschend luxuriöse Wohnung des engagierten Publizisten auf der Linken ein. Besuchen Sie einen alten Freund, der Geisteswissenschaftliches studiert hat, in dessen Darmstädter Niedrigenergie-Haus. Fahren Sie nach Bamberg, Freiburg im Breisgau oder ins Wendland zu ökologisch durchgewalkten Bekannten. – Nichts wird sein, wie es war.

Natürlich meiden Sie die Kitschkammer. Nun aber hat Ihr vierzehnjähriger Sohn im Unterricht etwas Unpassendes gesagt. Oder während einer Pause – endlich – zurückgeschlagen. Also dürfen Sie an einer abendlichen Gesprächsrunde zur Gewaltprävention teilnehmen. Sie findet in einem barackenartigen Anbau hinter der Schule statt, die Ihr Sohn nur deshalb besuchen muß, weil Sie geizig sind oder den falschen Beruf haben.

Ihr Gastgeber, der örtliche Sozialarbeiter, ist ein (zunächst) sanftmütig wirkender Mann von etwa fünfunddreißig Jahren. Der zwei Meter große, breitschultrige und braungebrannte Kerl trägt eine zu kleine Hornbrille auf dem kahlen Schädel. Moderates Übergewicht kaschieren blusige Hemden, meistens über der Hose. Die plumpen Schuhe aus Dänemark kosten ein Heidengeld; sie sind gesund. Der Lebenszweck des Hünen ist, wie er selbst sagt, „etwas für die Menschen tun", mit der Betonung auf dem Verb. Ob „die Menschen" den Wunsch verspüren, daß etwas für sie „getan" werde, fragt er nicht. Sein Wirken wird durch Steuern, chronische Inflation und Staatsverschuldung finanziert.

Die etwas verspätet eingetroffene Klassenlehrerin klärt Sie rasch über die Verfehlungen Ihres Sprößlings auf und führt aus, was zu tun sei, um dergleichen künftig zu verhindern. Heute aber wolle man einander kennenlernen; das sei wichtig. Die Pädagogin rasiert sich weder Beine, noch Oberlippe; das ist „authentisch". Desto mehr, als sie eine „kritische" Person ist. Mittelblondes Haar fällt auf Oberteile herab, die jegliche Form vermeiden.

Ihre harmlose Frage, ob man Kinder habe, wird verneint. „Ich brauche das nicht", meint der Sozial-Riese, während er in eine der Energiesparlampen älterer Bauart blinzelt, deren Licht seiner Haut einen schmutzig wirkenden Ton verleihen. „Ich definiere mich nicht über so etwas", ergänzt die Lehrerin mit ihrer ein wenig unangenehmen Stimme. Man reicht „fair" gehandelten Tee mit Dinkelgebäck, während drei ehemalige Straßenhunde vom Balkan und aus Nordafrika, die von dem Hausherrn der Baracke „gerettet" wurden, ihre beträchtlichen Leiber um das unbequeme Gestühl schwedischer Provenienz herum ausstrecken. Eine der blendend gepflegten, medizinisch vorbildlich betreuten Tölen hat helles Fell, eine dunkles; das dritte Tier ist braun-beige gefleckt.

Deutsche Intellektuelle sind tiefe Denker – vor allem dann, wenn es um die Vermeidung eigenen Nachwuchses geht. „Mein Alter meinte, daß unser Name ausstirbt, wenn ich nicht heirate und Kinder habe", sinniert der Sozialarbeiter. „Wozu aber muß mein Name weiter bestehen?" Das ist richtig. Sein Name erfüllt keinen praktischen Zweck. Das hat er mit der deutschen Staatsbürgerschaft gemeinsam, den leeren Kirchen in Deutschland, der in die Lächerlichkeit hineingesparten Bundeswehr, den Schulen in besonders fortschrittlichen Bundesländern und geisteswissenschaftlichen Bibliotheken im Zeitalter von *Race, Class, and Gender*.

Das Gespräch streift neben dem Klimawandel, der Förderung der Mülltrennung in Kirgisistan durch transnational finanzierte Schulprojekte und den löblichen Effekten dezentral abgefüllter Pfandflaschen die Dialektik von

Fortschritt und Reaktion. Ihr Gastgeber hält „die Deutschen" für grundsätzlich verworfen. Deshalb sei es notwendig, erzieherisch tätig zu werden. „Kritische" Jugendarbeit solle Ihre (und seine) Landsleute vor dem verwerflichen Einfluß einer durch und durch morastigen Tradition, ja vor den eigenen Genen schützen, um jeglichem Rassismus zu wehren. Bereinigte Kinderbücher, „wertvolle" Jugendfilme, neuartige Lehrwerke, Schülerwettbewerbe und *Work Camps* mögen ein neues Auschwitz verhindern. Ob sie auch einen neuen Gulag verhindern sollen, bleibt unerörtert. Danach zu fragen, wäre unschicklich. Denn Du sollst nicht relativieren. Und die Fügung „Work Camp" nicht übersetzen.

Zum Glück ist eine jung wirkende Ärztin aus Ungarn mit Ihnen eingeladen, denn auch István hat einen Frevel begangen. Sie wirft ein, daß die in gepflegt-gutmenschlichen Modulationen vorgetragene gruppenbezogene Menschenfeindlichkeit des Gastgebers ganz sicher ein allzu trübes Bild zeichne. „Nein!", trumpft die Lehrerin mit inzwischen nun wirklich unangenehmer, da zunehmend schneidender Stimme auf. „Sie sollten sehen, welche Ausländerfeindlichkeit es hier gibt! Schon wenn Sie eine Wohnung suchen. Dann wird man Ihnen Ihres Akzentes wegen keine Auskunft erteilen oder Sie nicht zur Besichtigung einladen." Die Gute weiß, was auf dem Spiele steht, denn sie hat Romanistik und Pädagogik studiert; daher verfügt sie über einen jede Erfahrungswirklichkeit durchstechenden Geist. Sie sieht *überall* Nazis.

Die Magyarin läßt sich davon kaum beeindrucken. Sie ist seit der sogenannten Flüchtlingskrise mancherlei gewohnt, das aber nicht als ausländerfeindlich gilt – Ungarn sind weiß und ihrer Tradition nach christlich –, und kontert mit der Frage, weshalb unter solchen Umständen mehrere Bekannte aus Polen, der Slowakei und Ungarn schöne Wohnungen zu akzeptablen Bedingungen gefunden hätten. Dieses machtvolle und zu einem eleganten Übereinander-Schlagen der in petrolfarbenen Designer-Jeans steckenden Beine vorgetragene Argument geht leider unter in einer unvermittelt aufbrandenden Diskussion über das „neue" Europa, einen dem Modell nach besseren, da geeinten und von sozialer Gerechtigkeit beseelten Kontinent, auf dem Dutzende Geschlechter harmonisch miteinander leben und sämtliche Religionen praktiziert werden.

Der Herrscher der Baracke hat inzwischen Temperaturen aufgebaut wie ein sowjetischer Reaktor. Er schäumt über die insolenten Nationen zwischen Oder und Narva, Ostsee und Balkan, die partout nicht einsehen wollen,

weshalb sie den nun schon vierten Versuch
Deutschlands seit 1914 mittragen sollten, die
Welt vor eingebildeten Übeln zu retten. Dazu
die Briten, diese kleingeistigen Leute, unter
dem Pantoffel der älteren Generation: Wenn
dieses Friedhofsgemüse doch bald seinen letz-
ten Gang antreten würde! Und die Amerikaner
erst, die eine blonde Bestie in das Weiße Haus
gehoben haben! Faschisten, Rassisten allesamt!
Was soll nur werden aus dem Kampf für Men-
schenwürde und soziale Gerechtigkeit, was
aus der Europäischen Idee?

Sie seufzen. Und blicken diskret auf die ein
bis zwei Zentimeter langen Haare auf den Bei-
nen der Pädagogin, schütteln kaum merklich
das Haupt, erinnern sich: Voriges Jahr waren
Sie auf Jasna Góra, in dem befestigten Kloster
in Tschenstochau, Polen, das die Schwarze
Madonna birgt. Ihre Bekannte dort, eine ele-
gante Anfangsvierzigerin, die in einer katholi-
schen Institution lebt, betet und arbeitet, sich
beständig fortbildet, was Geistliches und auch
sublunare Angelegenheiten angeht, hatte mit
ihrer warmen und tiefen Stimme erzählt, daß
deutsche Gruppen, die ihr begegnen, selten zu
eruieren versäumten, wie es denn, bitteschön,
um die polnische Frau stehe; ob sie nicht, bitte-
schön, und die polnische Katholikin im Beson-
deren, unterdrückt werde, was ja in einer so
traditionellen – sprich: hinterwäldlerischen –

Gesellschaft wie der polnischen wahrscheinlich sei, und was man da, bitteschön, machen könne. „In solchen Fällen zeige ich einfach auf das Bildnis der Gottesgebärerin. Dann erkennen sie, wie dumm ihre Befürchtungen sind." Sie lebt ein konsekriertes Leben, im Zölibat. Und hat *keine* Haare auf den Beinen: Der ästhetische Aufstand der Dame, der Sie Ihren Sohn ausgeliefert haben, handelt nicht von Befreiung, sondern von Beschränktheit; er kann weder das Pathos des Menschenrechts, mithin Universellen beschwören, noch eines, das „nur" auf den Westen oder das Abendland ginge, weil ihm etwas zutiefst Provinzielles, eine besonders unter deutschen Intellektuellen anzutreffende Abneigung wider alles im besten Sinne Bürgerliche, Westliche und Elegante eignet.

In der Kitschkammer freilich zählen andere Tugenden. Die Lösung Ihrer frommen Bekannten auf Jasna Góra würde als „zu einfach" abgetan; ebenso der stichhaltige Einwand der ungarischen Medizinerin. Denn in der Kitschkammer ist alles, was Hand und Fuß hat, „zu einfach"; von „bloß männlicher", „bloß westlicher" Logik bis hin zu lebenspraktischen Erwägungen oder solchen der Staatskunst. Alles Brauchbare und Segensreiche, deutsche Republik und westliche Zivilisation Bewahrende, Stärkende bewegt sich „auf Stammtisch-Niveau", gilt als „unsäglich" oder „unterirdisch". Sie, mein Freund, haben in der Kitschkammer keine Chance.

SONDERLICHS VERSE

Sonderlich

Sonderlich, mein guter Freund,
Liebt mich mehr, als ich es kann;
Blickt mich lange schweigend an,
Bannt den Geist, der sich verneint.

Sonderlich, der selten weint,
Hält auf mich wie ein Tyrann:
Weil ich sei, der ihn ersann,
Alles, was er ist und meint.

Sonderlich, der mich erkennt,
Gleicht der Pflanze, die sich schließt,
Wenn der Falsche kommt und gießt;

Gleicht der Zeit, die nicht verrinnt,
Für ein mutterloses Kind,
Das sich tief in Euch verrennt.

Sonderlich liebt Zeitungen

Sonderlich liebt durchzublättern,
Was auf riesengroßen Seiten
Schreiberlinge dreist verbreiten
Unter riesengroßen Lettern:

„Arbeitslosenzahlen klettern?
Mög' uns Brüssel gnädig leiten!" –
„Bald kein Schnee in unsern Breiten?
Alle Macht den Klima-Rettern!"

Sonderlich zieht Runzelstirnen,
Räuspert sich mit „Nein, nein, nein!";
Lächelt manchmal mild ironisch.

Schließlich bohrt er Tafelbirnen
Einen langen Draht hinein.
Schwachsinn birgt ihn. Sanft – und chronisch.

Sonderlich und die Transzendenz

Sonderlich, der stille Mann,
Trägt ein Schälchen Kirschkompott
Jeden Morgen still zu Gott;
Opfert, kniet und betet an.

Sonderlich, der lange sann,
Welche Speise adäquott,
Sorgsam pflückte, sorgsam sott,
Droht bereits der Kirchenbann.

Denn zu lange schleicht er sich
So in Gottes Domizil;
Rührte Herzen am Beginn.

Doch es dient sein Eigensinn
Keineswegs dem hohen Ziel:
Was er kocht, schmeckt widerlich.

Einspruch

„«Adäquott» – ist das ein Witz?
Sonderlich, Du hast geschummelt,
Dir ein Kunstwort hingefummelt,
Wie ein Schnitzer seinen Spitz!"

Sachlich blickt von seinem Sitz
Auf Euch nieder, die Ihr grummelt,
Hinter Bärten Flüche brummelt
Durch den lippenlosen Schlitz,

Sonderlich, der Offenbare,
Denn sein Aug, das immerklare,
Blickt durch Eure Schädeldecken.

Also wollt Ihr Euch verstecken.
Oder sinnt, mit Folterzangen
Seine Seele einzufangen.

Von den Foltern für Sonderlich

Folterzangen, Feuereifer
Und ein riesenhafter Wille,
Gut zu sein wie eine Brille,
Rand- und grundlos, Kniff und Kneifer,

Macht den Weisen, macht den Greifer,
Stärkt wie Stahlschrot sein Gebrülle,
Tilgt wie Schwermut alle Fülle,
Schafft ein Amt dem Menschenschleifer.

Sonderlich kann's nicht ertragen;
Immer will man ihn belehren,
Mancher will sogar: Ihn heilen.

„Statt mir Heilung anzutragen,
Solltet Ihr das Leben ehren,
Solltet meine Freuden teilen!"

Sonderlichs Kiez

Sonderlich erschrickt: Es prallt
Die Welt wie Achselschweiß
Auf ihn; und was er weiß,
Bleibt nach dem Stoß verdrallt.

Sonderlich erstickt: Es ballt
Sich um ihn e i n Geschmeiß,
Drückt mit beherztem Steiß
Ihn unter den Asphalt.

Sonderlich erblickt den Grund:
Er hat zu lang beschaut
Sich selbst und manchen Fund

Und nichts davon verdaut.
Was will von ihm die Welt?
Sein Leben, oder Geld?

Sonderlich hat keinen Ort

Sonderlich hat keinen Ort
Unter Euch, die wahrlich klug sind,
Deren Mienen wie ein Bug sind,
Vorgestreckt ins Immerfort.

Sonderlich hat auch kein Dort,
Wie es Götter, die kein Lug sind,
Wahrhaft wälzend wie ein Pflug sind,
Denkern schenken durch das Wort.

Sonderlich fühlt keine Sendung,
Nur ein bißchen Sentiment.
Ist das nicht ein bißchen wenig?

„Liebe Freunde, zur Verblendung
Reichen Klinker und Zement."
Und er lächelt wie ein König.

Sonderlich fühlt Unbehagen

Sonderlich fühlt Unbehagen
Wie ein Zecher in der Kreide.
Er kennt Oberschöneweide,
Doch war nie in Friedrichshagen.

Gleich wird sorgsam eingetragen
In ein Buch von grüner Seide:
„Morgen Urlaub für uns beide."
Und er bügelt Hemd und Kragen.

Nächstentags in einer S-Bahn
Frönt der Gute seinem Freßwahn;
Lächelt, plaudert, spinnt Intrigen.

Sonderlich ist schwerlich blöde.
Er kennt „Oberschweineöde",
Kennt nun auch sein „Hadrichsfriegen".

Sonderlich wird in Witzleben (neuerdings Messe Nord/ICC) aussteigen

Sonderlich sieht große Bauten,
Die wie Gürteltiere grasen
Auf der Stadt, von ihren Gasen
Leben wie die Astronauten.

Sonderlich schließt aus den Lauten,
Die von Bauten überm Rasen
Wohlig in die Nacht geblasen,
Was sie von der Stadt verdauten.

Bauten gibt's, die ihn erschrecken,
Weil sie sind wie Päderasten:
Allem Zarten droht ihr Fluch.

Doch vor Sonderlich verstecken
Kann kein Ort sich, wo sie lasten.
Und er schreibt ihn in sein Buch.

Sonderlichs Hof

Sonderlich wohnt Tiefparterre
In der Ackerstraße sieben.
Seitenflügel. Doch betrüben
Solche Dinge ihn nicht sehr.

Manchmal liegt der Hauswart quer
Zwischen ausgekotzten Grieben.
Muß man ihn beiseite schieben?
Nie und nimmer, spricht der Herr.

Wer und welcher? Sonderlich.
Ignorieren kann er bestens,
Auch den Puff im Vorderhaus.

Er, der Weiseste des Westens,
Grüßt die Damen, Dich und mich.
Und der Hauswart schläft sich aus.

Sonderlich liebt sein Berlin

Sonderlich liebt sein Berlin
Wie der Schulrat seinen Schiller,
Wie die Dame aus der Villa
Ihr diskretes Aspirin.

Sonderlich schätzt sein Berlin,
Wie die Äffin den Gorilla,
Wie der sanfte Serienkiller
Seinen Kleine-Mädchen-Spleen.

Nichts gleicht Sonderlich darum
Zwischen Burg und Oder/Neiße
Sommertagen in der Stadt:

Nichts von Etwas findet statt.
Alles stinkt nach Hundescheiße,
Und man schwitzt sich langsam dumm.

Sonderlich interviewt Moltke

Dort am Rand vom Großen Stern
Steht, in weißen Stein gehämmert,
Rosafarben, wenn es dämmert,
Moltke. Und er spricht nicht gern.

Sonderlich, vom guten Kern
Eines Jeden stets belämmert,
Spielt den Diener, der bekämmert
Seinen hohen strengen Herrn.

Und der Stein beginnt zu sprechen.
Erst ein klammes Radebrechen,
Dann ein preußisch-knappes Bellen:

„Aller Krieg ist Falle-Stellen.
Schlimmste Falle weit und breit
Bleibt der Traum von M a c h b a r k e i t ! "

Sonderlich liest fortschrittliche Lyrik, verläßt das Haus, um sich eine Hose zu kaufen, und notiert nach der Rückkehr mit einer Feder auf einem Bogen handgeschöpften Büttenpapiers, den er mit der Überschrift „Sozialpartner in der Betreuungsindustrie" versieht:

Ein Anblick zum Mäusemelken sind
Die fetten Keiler auf den Podien
Sinnloser Kongregationen, in Tagungszentren
Sich mästend von erpreßten Spesen,
Gottkönige des Fortschritts.

Schwerer
Bist Du zu ertragen, Kenner
Der windigen Szene, verbohrter
Jüngling und Gutmensch, Stipendien-
    Schlucker,
Ressentiment im gelben Gesicht:

Verloren, jeder „Beweis"führung aus-
Geliefert, ein Rausch kenntnislosen Verdachts,
Eigener Scheuklappen Freund,
Zu feige für eigene Kinder,
Knüpfer der Schlinge, mit der Du
Wirst abgewürgt werden.

Dreist
Versprechen Dir viele, aufzustehen
Für Toleranz, gegen Unterdrückung zu ziehen
Mit dem Nachwuchs der Mauermörder.
Die Freiheit, sie wird die Partie

Verlieren. Denn es wechseln bloß
Ihr Panier die Vernichter:
Die Lust der Meute bleibt Mord.

Sonderlichs Buch

Din A5, von grüner Seide,
Hundertachtundfünfzig Seiten,
Birgt, was Menschen aller Zeiten
Kritzelten in tiefster Freude.

Dann, wie eine Wasserscheide,
Wächst ein Wust von Höflichkeiten,
Soll behutsam uns geleiten
Wie das Milchvieh auf die Weide.

Denn vor uns tritt nun das Böse
Auf in allen seinen Weisen:
Sonderlich e r k e n n t den Neid.

Tausendfünfzehn Seiten leisen
Unglücks folgen wie Getöse:
Sonderlich v e r s t e h t das Leid.

Sonderlich verkauft Döner

Weddings höchster Fleischbeschauer
Steht vor Sonderlich und schreit:
„Junger Mann, das geht zu weit
Für den Durchschnittsdönerkauer!

Deine Döner tragen Trauer;
Wo «Döner» stand, berichtet breit,
Schwarzgerahmt, ein Text vom Neid,
Wo er liege auf der Lauer!

Dies, mein Freund, ist Kundenschelte
Oder -folter; das vergelte
Ich Dir durch ein Ordnungsgeld."

Sonderlich blickt auf den Prüfer
Wie auf Abstinenz der Küfer:
Dieses Feld – bleibt unbestellt.

Sonderlich hat eine Erscheinung

Sonderlich blickt mit Gezitter
Auf drei Wesen, dröhnend heiter
Wie gelackte Herrenreiter:
Drei Berliner junge Mütter.

Ei, sie drohen wie Gewitter,
Reichen hoch und reichen weiter,
Saugen auf und wachsen breiter.
– Sonderlich verzieht sich bitter.

Später sehen wir ihn ritzen
Muster in den Küchentisch;
Das begleitet ein Gezisch.

Sonderlich, er will sich schützen
Wie einst Tamerlan, der Grause.
Glück für uns: Er bleibt zu Hause.

Sonderlich hört Gespenster

„Sonderlich irrt schrecklich in
Seinem Wahn, er sieht nicht ein;
Kinder sind nicht nur gemein,
Sondern s c h l e c h t vor Eigensinn:

N i c h t verfügbar wie ein Dschinn,
N i c h t verläßlich wie Gebein;
Allzuoft mit einem „Nein!"
Über frech gestrecktem Kinn.

Sonderlich, er kennt uns nicht.
Unser so früh saubres Kind,
Klug und höflich, unser Licht,

Nähme seinem Zorn den Wind.
– Halt die Arme und das Köpfchen,
Unser Schatz braucht noch ein Zäpfchen!"

Sonderlich hat Ärger mit der Polizei

Sonderlich, der Kinder liebt,
Geht mit einer Gladiole,
Horcht auf, über sich, die Dohle,
Durch den Park, der Freude gibt.

Einem Paps, deß Handy piept,
Ruft, daß es sich Wasser hole,
Zu ein Mädchen mit Pistole.
Und im Teich das Bleßhuhn fiept.

Sonderlich, der gerne hilft,
Sieht, das Wasser ist umschilft.
Doch Berlin hat viele Pumpen!

Später sitzt er auf der Wache
Im Verdachte e i n e r Sache.
Und der Vater schimpft ihn Lumpen.

Sonderlich pfeift sich ein Liedchen, da er mit Freude auf die Jugend blickt

„Dort im Wald, auf einem Strunk
Thront der Fürst nach alter Mode;
Elfen reichen ihm den Trunk,
Elfenbein glänzt auf der Sode.

Elfenarm faßt Elfenarm;
Langsam wiegt im Elfentakt sich
Elfenleib und Mückenschwarm.
Manches Elfenpärchen packt sich

Und verschwindet im Geäst,
Wo die Glühwurm-Enden leuchten…
Niemals sah ein Mensch das Fest
Dieser Leichten, Schnell-Verscheuchten."

Sonderlich philosophiert über die Ehe I, II

Sonderlich weiß ganz genau,
Das Vergeblichste auf Erden
Ist das Früh-Erwachsen-Werden,
Ist das Freien einer Frau.

Wie vor Gräben der Verhau
Droht dem Feind und seinen Pferden,
Wachsen Pflichten aus Gebärden
Wider Sport- und Tagesschau,

Wo das Weib mit seinen Tiegeln
Voller unbrauchbarer Puder,
Seinem Krimskrams, Krieg will führen

Gegen männliche Allüren,
Gegen männliches Geschluder.
– Sonderlich wird selber bügeln.

„Funktioniert von sieben Ehen
Eine wie mein Darmausgang?
Wird die Zeit beim Sitzen lang
Oder brennt's beim Wiedersehen?

Frißt wie Fäulnis sieben Zehen
Meine Zeit der Schaffensdrang?
Oder brummt vor Überschwang
Schon mein Leib beim Rasenmähen?

Fußt mein GAU im Gottvertrauen
Oder macht der Zweifel froh?
Ei, den Besten wird versauen,

Was er tut im So-Wie-So.
Will mir drum ein Häusle bauen,
Mittendrin im Nirgendwo."

Sonderlich im Immatrikulationsbureau, bzw. -amt

Sonderlich sucht, zu studieren.
Also kleidet er sich schwarz,
Bügelt seine Züge knarz,
Will sich tief und geistig führen.

Sonderlich zahlt gern Gebühren,
Würde klebt daran wie Harz.
„1017 Euro!" schnarrt's.
Und er zahlt, sein Glück zu schüren.

Sonderlich ist nun Student,
Zupft vor Freude seinen Kragen;
Tüchtig will er Weisheit sammeln.

Alles, was der Gute kennt,
Alles, was der Gute sagen
Würde, ist nunmehr nur – Stammeln.

Sonderlich hört Professor Habicht

Hoch am Himmel fliegt der Weise,
Mancher wie ein Adler kühn,
Mancher auch vor Elend grün,
Mancher fröhlich wie die Meise.

Hoch am Himmel auf der Reise,
Hält sich Habicht misogyn.
Habicht soll ein Adel blühn
Aus der Höhe seiner Kreise.

Habicht stürzt sich gern auf Opfer
Aus der Höhe reiner Lehre.
Daraus wächst ihm reicher Eppich.

Sonderlich sieht keine Ehre,
Dafür einen Teppichklopfer:
Und Herr Habicht ist der Teppich.

Sonderlich hört eine Vorlesung über Metaphysik

Sonderlich, gestrengen Blicks,
Konzentriert sich auf den Herrn,
Der, so manche Reihe fern,
Redet über Sein und Nix.

Daß der Kern des Weltgeschicks,
Herrisch, und doch subaltern,
Wälzend, doch kein Wandelstern,
Schlußendlich s e i . Doch wie der Styx:

Der ja auch, doch nur im Geist.
Ortlos. Zeitlos. Unbereist.
Sonderlich faßt Müdigkeit,

Ihn verschlingen Sein und Zeit.
Der dort vorn an seinem Pult
Trägt daran sicher keine Schuld.

Sonderlich wird von einem engagierten Kommilitonen über dessen Seinsweise unterrichtet I, II

„Freund und Freundin, mein Getöse
Gleicht der roten Cola-Dose:
Zu viel Süße in der Chose,
Zu viel Druck im Blech-Gekröse.

Mann und Männin, bin ich böse,
Pappt mein Pathos wie Glukose;
Streckt die Streiter wie Arthrose,
Zwingt wie Tiger die Dompteuse!

Bin ich glücklich, nun, dann seh' ich
Schon den Sieg, der unausbleiblich!
Denn zu wirken, das versteh ich,

Nosse, Ge-, und Nosse, weiblich:
Dir zum Segen will ich bluten
Zwischen Gandhi, Kant und Newton."

„Ich habe Euch durchschaut.
Ihr könnt mich nicht betrügen
Mit liberalen Lügen
So dünn wie Menschenhaut.

Ihr seid mir anvertraut.
Und wollt Ihr Euch nicht fügen,
So fallt Ihr wie die Fliegen:
Ich bin, vor dem Euch graut.

Denn i c h bin, der befreit!
Ich schaffe Euch das Glück.
Und wollt Ihr mich verlassen,

Geld scheffeln und verprassen,
Brech ich Euch das Genick,
Weil Ihr so b ö s e seid."

Sonderlich liest über nahe und ferne Länder

„Als aber Stille fiel, und das Gelärm der Ketten
Erstarb wie vorher schon das trockene Geknat-
ter
Des Stand-MGs, durch das in weniger als fünf-
zehn
Minuten Schluß gemacht ward diesen schönen
Morgen
Mit einer ganzen Kleinstadt; endlich – Stille,
Nachdem das alberne Geschrei der fetten Wei-
ber
Zerplatzte wie ein Kinderkopf; der alten Män-
ner
Zerfasertes Gelall verblieb; der jungen Kämpfer
Störrische Blicke doch noch irregingen schließ-
lich,
Gemurmel sich erhob, das aufschwoll und ver-
ebbte;
Und jener, die wir noch zu Frauen machten,
Der ansehnlichen Töchter dieses Fleckens
Gequiek wie Angstschweiß in der Luft hing
und verwehte;
Da ruhten wir in dieser Stille. Und verziehen.“

Sonderlich ergeht sich in reim- und zweck-losen Reflexionen

Ob nun der Müll zu trennen sei,
Wie Tausenden Deutschen zur Pflicht
Es erwachsen, ich weiß nicht;
Gleichwohl möchte der Freie und Feine,
Daß der Joghurtbecher-Sortierer,
Jener unverschuldet zur Vorhölle
Grausamst Hinabgeglittene,
Im Elend noch Edle, jawohl,
Knappe vom Grünen Punkt,
Ritter der Wiederverwertung (auch thermisch);
Daß also dieser, der Edle im Elend, die Reste
Des Unbekümmerten von deren
Wertvollen, werttragenden, wertbildenden
    Stoffen,
Seinsunmittelbaren demnach im Mahlstrom
    des Seins,
Reste linksdrehenden Joghurts,
Des guten vom Lande, des wahren und reinen,
Gemolken an Neumond,
Merklich der Lösung widerstehenden Reste,
Du weißt es, nicht-Guter, Du Grober,
Daß also dieser, der elende Edle, ,Deine' Reste
Eben n i c h t abschaben müsse... – So fürch-
    tet und klagt
Der Freie und Feine. Und spottet der Seinen;
Inzwischen werkeln Barbaren, löten die Drähte,
Streichen die vorgeschriebenen Bärte

Und sorgen, daß Dir, Du Guter, schon morgen
Plastiksprengstoff – Plastik? Auch das noch! –,
Plastiksprengstoff das fühlende Herzchen zer-
    reißt.

Sonderlich knüttelt mal mehr, mal weniger
I, II

Wollen Fäden
Nicht zerreißen
(oder Klassen
Nicht verarmen),
Wie sie sollen,
Freuen Forscher
Sich nur selten,
Weil die Sätze
Nicht mehr gelten,
Jene klugen,
Jene schönen,
Die gegolten
Noch vor Stunden,
Gar Sekunden,
Sich zernichten,
Immer morscher
Die Gebäude
Ihrer Thesen
Werden, grollen
Gar nicht selten
Forscher, wollen
Retten ihrer
Stolzen Bauten
Jedes Stockwerk,
Jedes Türmchen,
Lauern, lugen
Nach den Kniffen,

Jene Klippen
Zu umschiffen,
Suchen Wunden
Dem zu schlagen,
Was ihr Denken
Nicht vertragen,
Wollen trügen,
Blend- und Lockwerk
Wider fremde
Und die eignen
Augen richten,
Wollen leugnen,
Was sie sehen,
Was sie hören
Und verstehen:
Wollen lügen,
Wenn sie reden,
Und zerstören,
Lernen hassen,
Richten Hetze
Wider jenen,
Dessen geraden
Geist sie fürchten;
Scheele Fragen
Sollen schürfen
Nach dem Ursprung
Der verqueren
Selbst- und Spottsucht,
Schüren Lüste,
Ihm die Räude

Aus der Seele
Schlicht zu prügeln:
Splittern Rippen,
Zittern Lippen,
Möchte scheinen,
Es erbarmen
Sich die Reinen,
Die verheißen;
Jene Guten,
Die uns lehren,
Was wir dürfen,
Was wir sollen,
Die uns Würmchen
– Uns! – beflügeln
Wollen. Freude,
Freude! Schierer
Liebe wegen
Pflegen sie, uns
Umzulegen.

Ihr glaubt ja nicht an mich, Ihr Narren!
Was müßt Ihr also auf mich starren,
Als sei ich Satan selbst, der Hohe,
Der Herrliche, der Immerfrohe
In seiner schönen Eigen-Lohe;
Ich bin ein schlichter Unter-Teufel,
Ein g u t e r Teufel, ohne Zweifel,
Ein Meister wohl im Korrumpieren,
Das Unglück hierhin, dorthin fieren,
Behutsam durch die Nacht bugsieren,
Bis es wen trifft, den i c h mir wähle,
Mit lindem Lächeln erdwärts quäle
Und schaue, wie sein Herz verschimmelt,
Gewürm in seinen Lenden wimmelt,
Und seine Seele unter Foltern,
Die wie Gebirge auf sie poltern,
Nach einem Ausweg schreit: Nun gerne,
Den kann er haben! Alle Sterne
Und alle Freuden der Moderne,
Der frühern und der ungewesnen
Zeitläufte biet ich dem Genesnen,
Sobald er zeichnet den Kontrakt.
Es folgt ein stiller Zwischenakt,
Jahrzehnte Glücks, recht abgeschmackt,
Mit Weibchen, Häuschen, Swimmingpool,
Mit gutem Tisch, gesundem Stuhl,
Und schließlich m e i n e Lieblingsstunde…
Dann ist sie aus!, die letzte Runde
Des Menschen-Sinns. Und aus den Nestern,
Die im Morgen n a c h dem Gestern

Versenkt sind, krauchen Schlottergunde,
Vielgrauserlinde, Grind am Munde,
Und Schlimmerwürmel, meine Schwestern;
Sie zwicken, zwacken, picken, hacken
Und lachen, lachen: Knochen knacken,
Wenn fest sie meinen Kunden packen
Und seinen Leib in Stücke reißen,
In den zerspellten Schädel scheißen
Und schließlich seine Seele beißen
Und beißen, beißen, fast zerreißen,
Mit Stacheleisen duldsam machen
Und lachen, lachen, lüstern lachen,
Bis ich verkünde schlicht: Es reicht.
Ihr solltet sehen, w i e sie schleicht,
Zu schleichen l i e b t , die liebe Seele,
Verzückt und dankbar um die Pfähle
Des Throns von Satan!, meines teuern
Meisters, Vaters, hoch in Feuern!

Ihr seid recht blaß? Ihr Einfaltspinsel!
Was soll das weibische Gewinsel?
Ihr glaubt doch nicht an mich, den Teufel:
Das Ammenmärchen! – Habt Ihr Zweifel?
Ich will die Deppen auf Euch hetzen,
Notgeilen Spießer, steilen Stutzer,
Verklemmt-verschämten Revoluzzer,
Begabungsfreien Klinkenputzer,
Die Possenquäler, Zeitungsenten,
Und abereitle Dirigenten,
Z u   k u r z e Männer: Diktatoren,

Gutachter, Prüfer, Professoren,
Die, wie ich sorge, nicht verstehen,
Die, wie ich's führe, nicht einsehen,
Die, wie ich's richte, lamentieren,
Unorthodoxes kritisieren
Und, wie ich's lenke, fast vertieren
Vor Euren komischen Allüren:
Dem schönen Sinn, dem lichten Leide,
Dem stillen Stolz, der tiefen Freude,
Geborgen aus den Bücherhallen,
Wo viele junge Geister fallen
Und dabei dumme Lieder lallen,
Wie einst vor Langemarck und Ypern,
Gedanken lauern wie die Vipern,
Bereit, mit einem Biß zu schwärzen,
Was leuchtete im Menschenherzen:
Was Menschen lieben, auszumerzen;
– Kurz, allen Bodensatz des Geistes,
Den Euer immer noch verpreußtes,
Das Land des Ekels, Deutschland heißt es,
Des Teufels Liebling, bieten kann:
Es i s t verteufelt! Denkt mir dran!

**Sonderlichs Verse für die kleine Zvjezdana,
Tochter von Dragan und Zlata, drei Stock-
werke höher I, II**

Meine Worte weben Dir,
Mädchen wunderklug,
Ein wundersames Flügeltier,
Das Augen hat voll Glut.

Meine Grille gibt zur Zier,
Mädchen, dem ich gut,
Ein Instrument dem Flügeltier
Mit Saiten, wie ein Pflug.

Lachst Du, schaust Du, zupft es Dir,
Mädchen wunderschön,
Den Frühlingstanz vom Flügeltier
Mit Rauch und viel Getön.

Klagst Du, weinst Du, singt es Dir,
Mädchen, das mir lieb,
Ganz leis das Lied vom Flügeltier,
Mit Augen trauertrüb.

Das Flügeltier, in grünem Glanz,
Haßt nichts so sehr wie Arroganz
Und Dummheit, die Vernunft gebiert:
Man sagt, daß es nicht existiert.

Das Flügeltier verfärbt der Zorn:
„Wer mich vergißt, der ist verlorn;
Wer Kindern sagt, daß ich nicht bin,
Der raubt dem Leben Licht und Sinn."

Das Flügeltier, in Grün und Gold,
Hat nichts als Singen je gewollt
Und Freude-Machen, wenn Du guckst,
Und Trübnis-Tilgen, wenn Du druckst,

Den Frühling feiern mit dem Rauch;
– Doch Kraft und Krallen hat es auch.
Die werd ich spüren, zürnt es mir.
Glaub mir, es gibt das Flügeltier!

Sonderlich liest Stefan George

Meine Neonazis tragen
Blitzeblanke Glatzen;
Hinterm Gitter, wo sie schwatzen,
Ringen sie in Anstaltsjacken
Ohne Sinn für den Ort,
Treiben Sport,
Wollten gerne einen packen.
Meine Neonazis träumen,
Draußen richtig aufzuräumen.

Sonderlich hat Stefan George gelesen

Was Tage schmückt,
Was Menschen lockt,
Das ist zerstückt.

Untoter hockt
Im Trümmerfeld,
Fest angepflockt.

Er schreit: „Es hält
Kein Menschen-Bau
In dieser Welt.

Der Geist ist grau,
Der Wille grob.
Von Hoher Frau

Der Traum zerstob,
Und er zerrann
Von Hohem Lob.

So will der Bann
Der neuen Zeit.
Kein Preis dem Mann,

Der wie ein Scheit;
Kein Bild, zu knien,
Und kein Geleit."

Er kann nicht fliehn.
„Ich bin verflucht,
Weil ich nicht d i e n ."

Sonderlichs Albtraum

Weil Du leer bist wie ein Loch,
Reißt Du mir vom Leib den Lehm,
Tastest nach der Sonnencreme,
Suhlst Dich auf mir, küßt mich noch!

Was da mit Dir zu mir kroch,
Drückt mich wie ein Theorem;
Mach es Dir nur recht bequem,
Man soll wissen, wie ich roch.

Was mich fällte, war nicht viel:
Nur ein schlankes Projektil;
Tot zu sein, ist nicht so schlimm.

Was mich bersten läßt vor Grimm,
Sind Idioten, deren Geist
Mich und auch sie selbst verschleißt.

Sonderlich mit zugereister Bürgertochter

„Gib mir den großen, feierlichen Brauch,
Gib mir den Pomp aus halbvergeßnen Zeiten,
Gib mir ein Sein in Dahlems Herrlichkeiten:
Gib mir, o Herr, ein Grillfest o h n e Rauch,

Und einen Ritter, treu und o h n e Bauch,
Den reinen Galahad, mit ihm zu reiten;
Gib mir drei Seminare, sie zu leiten,
Und eine Professur, die will ich auch!

Denn ich bin eines, das ist unverrückbar
Und je für sich, ein Individuelles,
Ein Vielbegehrtes, selten nur Betörtes."

Ja, sie ist eines, das ist unbeglückbar,
Ein Nur-Für-Sich; ein sehr, ein allzu Helles,
Zu oft Erhörtes. – Sonderlich, ihn stört es.

Sonderlich vernimmt Erstaunliches

„Ich weiß es nicht. Ich wußte nie.
Ich ahne kaum: Der Wonnebaum,
Er lebt vom Licht im Weltenraum;
Das lehrte mich, ich war wie Vieh,

Der Meister, dessen Er im Sie
So wurzelt, wie im Bier der Schaum.
Nun bin ich frei, mich führt der Zaum
Der Schöneberger Tetrarchie

Von Dinkel, Dünkel, Dunkel und
Dem letzten, allertiefsten Grund:
Den weist das kosmische Gesetz

Der menschlichen Entwickelung:
Mir schützt den Ätherleib ein Netz
Vor logischer Zerstückelung."

Zorn in Friedenau

„Betrachtet viel und schwer befrachtet, Florula,
Vom Tanzraum komm ich, wo wir gerad ge-
    strandet sind:
Dort suchten meiner Füße Lupf und meiner
    Arme Schwung
Darzustellen vor den Schülern ein Gefühl.
Doch blieben stumpf wie Blei die Seelen der
    Eleven,
Und ich gab auf, den Busen wie ein Sitz im
    Bus,
Der für geringes Geld die frommen Erntehelfer
Aus Polen auf die deutschen Felder schaufelt:
So eng. Und alt. Und abgenutzt. Doch kam wie
    Licht
Auf mich der Einfall bald, ich hieß die Blödia-
    ne,
Zu Dreien, Vieren, Fünfen oder auch im Dut-
    zend
Komplexe geometrische Figuren wie
E i n Zeichner durch koordinierten Lauf zu
    bilden.
Da rann der Schweiß. Und mancher rannte
    aneinander.
Mir war's ein Fest. Das ist die Macht der Eu-
    rythmie!"

Sonderlich sieht einen Vater

Kurz vorm Hohenzollernplatz
Sieht der gute Sonderlich:
Einen Vater, jugendlich,
Mit gepierctem Haaransatz.

Dessen Sohn, ein Hosenmatz,
Staunt, da ist ein Täuberich,
Tanzt um Tauben gurriglich;
Das beäugt so mancher Spatz.

Nur ein Schritt, – sie fliegen auf.
Tränen kullern. Papa drauf:
„Ja, die mögen Dich wohl nicht."

Noch mehr Tränen. Etwas bricht.
Sonderlich: „Der Höllengauch!
Warum sagt er ihm nicht: «Auch»?"

Sonderlich will sterben I, II

Keinen Ort und keine Sendung,
Generell nicht zu verwenden,
Manchmal Stechschmerz in den Lenden:
Es ist Zeit für eine Wendung.

Sonderlich liebt die Verschwendung,
Sucht nun, selbst sich zu verschwenden.
Gern zu sein und gern zu enden,
Heißt ihm Kunst in Höchstvollendung.

Aber wie? Das ist nicht einfach.
Sonderlich hat Angst vor Höhen,
Will nicht Matsch sein im Gebein-Fach.

Auch zum Hängen müßt er stehen
Mindestens auf einem Tisch…
Lebensliebe knüpft sich frisch.

Wen die Höhe will verdrießen,
Findet manche weitre Weise
Für die liebe letzte Reise,
Kann z.B. sich erschießen.

Sonderlich, beim Blumengießen,
Schwenkt die Kanne weit im Kreise,
Sinnt, sich höflich, also l e i s e
Unserm Treiben auszuschließen.

Darum taugt kein Schießgewehr
Ihm, dem wahrhaft guten Nachbarn:
Solcher Tod wär Ruhestörung.

Mancher sagt, der Kreis des Machbarn
Dient, wenn eng, der Glücksvermehrung.
Sonderlich verwünscht das. Sehr.

Sonderlich schreibt seiner Nachbarin

Du herrlich krudes Weib, wenn sich der Schat-
    ten
Des Mondes in die Mittagssonne stanzt
Und Grauen über unsere Straßen tanzt,
Laß uns einander lieben wie die Ratten.

In Stunden, wenn der Hungrige den Satten
Mit einem Jauchzen in die Jauche pflanzt,
Und alles, was den Westen hält, zerfranst,
Laß uns begehren wie bejahrte Gatten.

Satt bin ich lang von dieser Welt, ich liebe
Dich wie ein Trinker seinen schwersten Wein.
Du dralles, schwankes Weib, ich will Dich
    schlürfen

Und Deiner schlimmen Gunst so tief bedürfen,
Wie eines satten Betts aus Schmalz die Griebe:
Verschmolzen mit dem All, dem Schund, dem
    Sein.

Sonderlich wundert sich

Sonderlich, mein guter Freund,
Wundert sich, er ist allein.
Manchmal nagt ihm am Gebein,
Daß ihn keine Sonne bräunt.

Sonne frißt: Die Seele weint,
Gibt sich auf in ein Zu-Zwein.
Sonderlich, verstockt im „Mein"
Gibt sich lieber eingezäunt.

Sonderlich, Du mußt verlassen
Manchen Traum und manches Hassen,
Manche Schale, manchen Kern.

Sonderlich, Du mußt verfluchen
Manches Finden, manches Suchen,
Schließlich aber bist Du – gern.

Was soll der Quatsch, sagt Sonderlich I, II, III

„Was soll der Quatsch", sagt Sonderlich,
„Die Welt wächst um mich, siehst Du mich?
Ich bin in mir, denn ich bin ich:
Denn schließlich bin ich Sonderlich!

E i n Sonderlich, das heißt: Mein Ich
Wächst aus mir wie ein Mückenstich;
Verbiestert nicht, verschwistert sich
Dem Innersten, d e m Sonderlich.

Ob der, ob ein, ich bin mir mein.
Und runzelt Ihr darob die Stirn,
So runzelt lieber Euer Hirn!"

D e r Sonderlich blickt mildironisch,
E i n Sonderlich verzeiht drakonisch:
„Kein Rätsel liegt in meinem Sein."

Fürchterlich scheint mancher Bissen,
Den die braven Menschen schlucken,
Die verstehen, die sich ducken,
Sonderlich, dem Selbstgewissen.

Sonderlich ist ausgerissen
Spät wie Kinder, die nicht mucken,
Die wie Zeiger niederzucken,
Wo es grollt in Finsternissen.

Doch gerissen hat und ist er,
Denn es lockt ihn Unvernunft,
Die ihn birgt wie ein Kanister.

Sonderlich liebt Schwierigkeiten,
Wie ein Segler rauhe Breiten:
Zeugen seiner Niederkunft.

„Niederkunft? Was soll das jetzt?"
Sonderlich, herabgestiegen,
Zu den Menschen, die verbiegen
Sich und jeden, der sie schätzt;

Dieser also, der vergrätzt,
Was sich allzu liebt im Fügen,
Was sich allzu fügt im Lügen,
Was sich allzu smart vernetzt;

Zu den Menschen, die wie wir sind,
Die nun wirklich nicht sein Bier sind,
Neigt er sich aus letzter Milde.

Denn in Sonderlich verkünden
Sanfte Stimmen unsere Sünden.
Sonderlich ist stets im Bilde.

Sonderlich liest linke Texte I, II

Sonderlich, der krumme Geist,
Liebt Traktate, die ihn schmähen:
Allem Säen folgt ein Mähen,
Allem Fleisch, was sich verbeißt.

Sonderlich wird nicht wie Kleist
In den kleinen Wannsee gehen,
Bis kein Sehen, kein Verstehen,
Bis die S t a r r e ihm verheißt,

Daß zuinnerst ihn will führen,
Was ihn saugen will wie Zecken,
Wie mit 17 die Allüren.

Sonderlich erkennt in Zwecken
Qualen, die den Menschen adeln.
Wie die Langeweile Hadeln.

Hadeln ist ein herber Strich.
Nichts geschah hier, nichts geschieht,
Nichts wird sein, denn das Gebiet
Grenzt an Wursten, Sonderlich!

Sonderlich schaut streng auf mich:
Wursten, Hadeln, Henning, Griet –
Dieser niederdeutsche Schiet
Geht ihm gegen seinen Strich.

„Das, mein Freund, will Dir so passen,
Willst ad hominem mich fassen
Wie das Unkraut der Vernichter.

Wo im Wenig sich die Reinheit
Türmen s o l l zu letzter Einheit,
Spielen Stümper meine Richter!"

Sonderlich erinnert sich

Vor vielen Jahren, als ein Staub
Von jenem Saum, der Nacht und Tag
Wie ältliche Geschwister trennt,
Hernieder sank und seltsam glomm,
Litt Qualen an entferntem Ort
Die Fürstin Múdraja, geraubt
Von einer Horde, die im Rausch
Des Tötens einhielt und den Leib
Der Fürstentochter, vor dem Blut,
Dem Schutt und Dunkel ihrer Stadt
Wie eine Flamme stumm und schön,
Als Zeichen eines beßren Seins
Erkannte; ritt heran der Khan
Der wilden Reiter, zornerfüllt,
Daß nicht ein Dichter seinem Stamm
Entsprossen, keiner, der gelahrt,
Mit weißem Barte, klug und alt,
Den Sternen Gang und Zwecke nennt,
Und keiner, der den Saiten Sang
Entlocken kann zu lindem Trost:
Der Männer nichtiges Gegröl
Von Eitlem, Geilem, fremdem Gut
Die Freude seiner Tage täubt
Und ihn vergebens schenken läßt
Der Fürstin reichverziertes Gold,
Besetzt mit Steinen, tief und rot,
Zu tragen um den schlanken Hals;
Heran ritt zornerfüllt der Khan,

Sein Schwert ist scharf, und hundertfach
Aus fremden Leibern hat es Blut
Gesoffen; zog der Khan das Schwert
Mit seiner Bogen-Klinge grau
Wie altes Eis am Rand der Welt,
Wo keine frohe Seele lebt,
Und r ä c h t e , was die Fürstin ihm
Und allen Reitern seines Volks
In ihrem Hochmut angetan.

Sonderlichs Lied

Wie ein Dorn
Steckt der Zorn
Dir im Leib.
Zeitvertreib

Wird der Hohn,
Dem zum Lohn,
Was Dich lockt,
Unverstockt.

Wähl e i n Mal
Du die Q u a l ;
Höre still,
Was sie will.

Such ein Wort,
Gönn ein Dort,
Gib ein Sein
Dir allein.

Sonderlich lobt die Fülle I, II, III

„Wer bescheiden wie ein Fürst
Bleibt verachtet wie ein Kind,
Dessen Sinne widrig sind,
Rät und schenkt Dir, was Du wirst.

Darum achte, wo Du irrst,
Was Dich ruft im Winterwind.
Denn Dein Menschensinn ist blind;
Es kann werden, daß Du birst.

Niemand sieht Dich wie Dein Leib.
Niemand hält Dich wie Dein Weib.
Niemand rät wie Du die Fülle.

Darum, Freund, erkenne Dich",
Räuspert stolz sich Sonderlich:
„Alles, was Dir fehlt, heißt: Wille."

Sonderlich lebt tief und gut.
Er ist niemand, der verkennt,
Daß kein Bitterer erkennt,
Was der Mensch dem Menschen tut.

Was er tut? Er stöhnt vor Glut
Für ein Ding, das ihn verbrennt:
Ein Gedächtnis, das ihn nennt,
Ein Vermächtnis, das nicht ruht.

Sonderlich empfiehlt deshalb:
„Fremder Freund, vergib und sei!
Mangelt Freude, gönn sie Dir.

Mangeln Freunde, bau ein Kalb,
K a l b   a u s   G o l d , und sammle frei
Kluge Männer, kühles Bier!"

„Darum, fremder Freund, vergiß,
Ob der Neid – Dir verzeiht.
Ob Dir Glück oder Leid
Leuchtet in der Finsternis.

Taste nicht nach dem Riß,
Ob Du irgendwann gedeihst.
Irgendwann? – Du vergreist:
Alles Streben bleibt Beschiß.

Schuld und Sühne liebt der Kühne,
Doch der Kühnste übt die Künste,
Sich zu lieben ob der Brünste,

Die wie Brüchen eine Schiene
Helfen könnten zu verwachsen.
Lob und Ehre sei den Laxen!"

Sonderlich ordnet die Welt

Wo die schönen Klempner wohnen,
Die dem Franzmann schrecklich scheinen,
Will der Westen sich vereinen,
Mit dem Osten sich belohnen.

Wo die Klempner zu Millionen
Rohre legen für die Seinen,
Diese Schönen, leise weinen,
Weil man nicht will, daß sie fronen,

Tobt ein Mob aus Kleptomanen,
Fackelt ab, verletzt und tötet.
Sonderlich will daran ahnen:

Daß der Westen sich verflüchtigt,
Wo man Tüchtige bezichtigt
Und der Haß auf Stütze betet.

Sonderlich hört einen Protestanten

„Von Dilettanten wundersam verbogen,
Erwarte ich mit Graun, was kommen mag.
Mein Leib ist leer, und meine Seele zag,
Von Würgekrämpfen wunderlich verzogen.

Ich weiß, Du wachst, seitdem die Weisen logen
Vor jenem Fortwuchs Deiner, jenen Tag.
Ich weiß, Du lachst; ein lieber Albtraum lag
In jener Krippe, jedem Vieh gewogen.

Mein enger Leib vergeht. Der klamme Schrein
Will bersten unter Deinem großen Mund.
Ich zag und sehne wie ein Delinquent.

So will ich sein: Ein Trog, ein Maul, Gebein,
Zu stürzen in den wundervollen Schlund,
Wo ich verderbe und mich Gott erkennt.“

Sonderlich pilgert nach Tschenstochau

Heller Hügel vor dem Stahlwerk
Drauf die dunkle Gottesmutter;
Schützt die dunkle Gottesmutter
Volk und Land, doch nicht vorm Stahlwerk.

Unterm Hügel klebt das Stahlwerk
An der dunklen Gottesmutter;
Unsrer dunklen Gottesmutter
Dritte Narbe reißt das Stahlwerk.

Keine Stadt versperrt dem Stahlwerk
Seinen Weg zur Gottesmutter.
Seine Männer spuckt das Stahlwerk

Auf den Weg zur Gottesmutter.
Gottes Werk erfährt das Stahlwerk.
Gottes Werk verklärt das Stahlwerk.

Sonderlich hinterläßt eine Depesche in der Kapelle der Schwarzen Madonna auf Jasna Góra

Ein Sehnen bracht mich fort von meinem Volke
Und hieß mich streifen durch die weite Steppe;
Ich saß viel Tag an fremder Tempel Treppe
Und lauschte fremdem lockenden Gekolke.

Ein Sehnen ließ mich fremde Zungen lernen
Und lehrte mich die Weisheit fremder Hirne.
„Der heimatliche Laut macht, daß ich zürne!"
So sprach ich zu mir unter fremden Sternen.

Ich sog das Od aus fremdem dunkeln Worte
Und lernte lieben fremde lichte Lieder,
– Die ich Dir singe, denn ich kehre wieder:
Nun leb ich für Dich, schöpf aus reichem Horte.

Sonderlichs Kreuz

Seit Jahren ist ein Bild in meiner Hut,
Darauf Du Deine Augen niederschlägst,
Und Deine Hand in eine fremde legst
Und folgst ihr wie ein gemmengleiches Gut.
Mein Blick hat oft auf diesem Bild geruht,
Ob Du die Lippen wie zum Ruf bewegst.

Sonderlichs Abfahrt

Wenn er noch könnte, würd er lauthals lachen,
Die blinden Augen in die Höhe kehren,
Des Fährmanns auf dem toten Fluß entbehren
Und selbst ihn führen, diesen flachen Nachen.

Vor ihm droht Höhlung: Riesenhaft ein Rachen,
Der lacht, man werde ihn noch manches lehren.
In seinen Ohren rauscht es wie von Chören.
Gestalten um ihn: Gräuliche Fellachen,

Die treideln und beginnen, sich zu grämen,
Weil Sonderlich kein Fährgeld zahlen möchte.
Sie schwinden, bleiben, wachsen aus zu Sche-
men

Und murmeln, murmeln: „Ach, der Ungerech-
te;
Was muß er gerade sich zu uns bequemen
In diesen tiefsten aller Leidensschächte!"

Sonderlichs Abschiedsworte

„Höre: F a s t alles, was Du wünscht, ist gut.
Du suchst nach Wahrheit? Sorge, daß Du irren,
Ja: I r r e n kannst. So wird Dich nicht verwir-
    ren,
Wer Irrtum n i c h t kennt, seine eitle Glut

Erstickt in einer Flut von Menschenblut.
Du suchst nach Liebe? Sorge, nicht zu klirren
Mit Zwecken, Ketten, allerlei Geschirren;
Gönn ihr die Welt. Auch dazu habe Mut.

Du suchst nach Sinn und Wert? Erkennst Du
    nicht:
Er liegt in jedem Werke, das Du schenkst,
In jedem Wort von Dir, solang Du suchst,

Ja: S u c h s t und lernen willst. Was dann sich
    flicht,
Das heißt und ist: Der Sinn. Du aber fluchst.
Und siehst nicht. Weil Du denkst. N u r
    denkst.“

Sonderlichs Ende

Was tobst Du wider Welt und Dich?
Du gibst den Geist, der sich entsetzt,
Der alles, was er liebt, zerfetzt
Und segnet, was ihm widerlich.

Was tobst Du wider Sonderlich?
Er ist der Mensch, der Dich versetzt,
Den keines Deiner Monster hetzt,
Mit einem Wort, recht liederlich.

Was willst Du tun? Du wählst den Mord,
Du suchst ihn heim, Du schleppst ihn fort
Und lehrst ihn: Also muß er knien

Und schlucken: Deutsche Disziplin
Und sterben: Siebzig Jahre lang…
Er ist und bleibt: Dein bester Fang.

DER NARR VON DER MÖCKERNBRÜCKE

In einem bestürzend kleinen Appartement, das, wenn man sich reckte, einen Blick auf den Landwehrkanal erlaubte, wohnte ein Philosoph oder Soziologe – genau wußte er das selbst nicht –, der sich mit Taschenbüchern aus Frankfurt am Main ganz verdorben hatte. Kaum weniger bestürzend mutete seine Haartracht an, ein gewaltiger Zopf, der im zweiten Jahrzehnt des einundzwanzigsten Jahrhunderts als *Cultural Appropriation* inkriminiert werden würde, obgleich eindeutige Verortung unmöglich war. „Ich verstehe nicht", murrte er öfter, „weshalb sie mich in dem-und-dem Café westlich der Bundesallee so seltsam behandelt haben."

Unser Philosoph und/oder Soziologe war nach zwei älteren Brüdern, einem nervösen Informatiker, der Byrd, Tallis und Palestrina mithilfe eines jahrzehntealten Mehrspurgeräts zu pfeifen liebte, und einem praktischen Arzt, der allen Zumutungen zum Trotz weiterhin in Deutschland praktizierte, der dritte Sohn großzügiger und toleranter Eltern. Das dankte er ihnen, indem er beeindruckende Bremsspuren in der Muschel seines Badezimmers als Monument eigener Freiheit kultivierte und seit inzwischen acht Jahren an einer Doktorarbeit zu einem Nicht-Thema schrieb: der Frage, *wie* eine gerechte Einkommensverteilung bestimmt werden könne – wobei natürlich, Sie ahnen es, der Verweis auf die Gesetze des Marktes als „zu einfach" nicht in die Tüte kam. So konnte man ihm, der zu lange schon in der Kitschkammer verweilt hatte, nicht helfen; *sein* Lohn war es, sich durch die tägliche Lektüre von Aufsätzen, deren Autoren die einzige mögliche Lösung – auf den bösen, bösen Markt zu vertrauen – ebenfalls für „zu einfach" hielten, tiefer im Weglosen zu verirren. Außerdem war ihm kürzlich das Herz gebrochen worden, obgleich er diesen Sachverhalt nie und nimmermehr in solche Worte gegossen hätte. In *seiner* Welt herrschten neben Diskursen ausschließlich Beziehungen, glückliche oder schwierige; man trat in sie ein, lebte in und arbeitete an ihnen bis zum *Fade-out*. Die herrlichen Lieder des jungen Lessing, die Verse eines Bürger oder Goethe, sie bedeuteten unserem Philosophen kaum mehr als ugaritische Notate. Er hatte sich dazu verurteilt, ausschließlich in der Gegenwart zu leben – in einer verquasten Gegenwart.

Die Angebetete unseres, nun, Helden war, wie er selbst, eine sinnlose Angelegenheit, Mutter zweier blasser Kinder, die gewalt- und glutenfrei aufgezogen wurden, Gemahlin eines Mannes, den sie während ihrer Studien der Philosophie im Badischen kennengelernt hatte;

nicht besonders belesen, hatte sie es verstanden, ihr eigenes Dasein als unrettbar darzustellen – Opfer war sie, Opfer der Männer und also der binären Logik, Opfer des Kapitalismus, Opfer schlechthin (auch Opfer der Opfer) – und eine diffuse Kompetenz daraus abzuleiten, vor der Hume und Kant zerbröselten. Die Professoren fielen auf sie herein wie Senioren auf Drückerkolonnen.

Unser Mann war Feuer und Flamme: Was für eine Tiefe! Und ließ sich willig gebrauchen, während hunderter Stunden küchenpsychologisch unterfütterter Gespräche, und auch danach, die abgestandene Ehe der Dame aufzufrischen.

Frug ich Dich, schlug ich Dich,
Sang ich doch auch gern für Dich,
Sang Dir mich, sang Dir Glück,
Sang Dir Gram, gab zurück.

Fand ich Dich, band ich Dich,
Schlang mich wie ein Ding um Dich,
Schuf Dir mich, schuf mich um,
Schuf mich dumm, ward ein Trumm.

Band ich Dich, frug ich Dich,
Frug zum Trug und sang für Dich,
Schuf mir Dich, sang Dich um,
Fand Dir Gram, frug Dich dumm.

Frug ich Dich, band ich Dich,
Schlang und tilgte Dich um mich,
Schlang den Trug, schlang das Glück,
Schlang vor Gram, blieb zurück.

Folgen Sie mir: Wir können unseren Welt-
weisen beobachten, wie er von seinem Rivalen
zur Rede gestellt wird. Wir schleichen in eine
dieser Kneipen, wo jeder geduzt wird; natür-
lich befindet sie sich in einem der östlicher ge-
legenen Bezirke unserer glücklosen Hauptstadt
– dort, wo mutige Mahnwachen gegen Tier-
versuche, Rassismus und Ausweisungen auf
die Zustimmung sämtlicher Vorübergehenden
zählen können. An der Eingangstür prangen
zwei Aufkleber: Einer erteilt jedem sich in die-
se Gegend verirrenden Nazi Hausverbot; der
andere bietet Frauen Zuflucht an; das Schicksal
einer Neofaschistin, die sich vor Männergewalt
zu retten sucht, bleibt unerörtert. Im Innern
hängt *Transgressive Art* in großen Formaten vor
weiß getünchten Backsteinen, um den Gästen
existentiale Unbehaustheit vor Augen zu hal-
ten. Der Lärm aus den Lautsprechern tut ein
Übriges.

Dort in der Ecke sitzen sie; ein bezopftes
Haupt nickt und nickt, während die rechte
Hand seines Besitzers auf der Schulter des Ge-
sprächspartners ruht. Zwei halbe Weizenbiere
stehen vor ihnen, naturtrüb. Man versteht sich.

Man ist nicht besitzergreifend. Man ist kein Macho, nicht antiquiert. Man einigt sich, kein Recht zu haben auf einen anderen Menschen: schon gar nicht, wenn es sich um eine so schöne Seele handle…

Schöne Seele? Natürlich würde unser, nun, Held niemals einen solchen Archaismus gebrauchen; die kontinentaleuropäische Universitätsphilosophie des späten zwanzigsten Jahrhunderts, der soziologisierende Jargon in seinen zumeist als Mängelexemplar erstandenen Taschenbüchern vom Main und das perverse Talent, unter allem, was angelsächsische Denker dreschen, ausschließlich die Spreu zu importieren, haben ihm alle Voraussetzungen – und auch den Mut – ausgetrieben, eine solche Fügung über die Lippen zu bringen; seine übereilige Ablehnung des literarischen Erbes ihm jede Möglichkeit geraubt, Erlebtes in schlichte und menschliche, pralle und saftige Worte zu fassen. Wichtiger als Glück und Gedeihen sind unserem Helden „selbstkritische" Haltung, ewige Dekonstruktion und, natürlich, der alles zerreibende Diskurs; wo er eine Wüste macht, nennt er sie Wahrheit. Er ist und bleibt – der Narr von der Möckernbrücke.

DAS EWIGE ENGLAND

„Wie sind Sie mit dem Päckchen durch die Kontrollen gekommen? Ich werde ein ernstes Wort mit dem Wachdienst reden müssen – sofern Sie es nicht hochgehen lassen. Bitte? Ja, Gründe gibt es viele. Sie haben deren einige jetzt sehr schön formuliert. Ihr sauber heruntergespultes Traktätchen ist, wie ich annehme, die Frucht gemeinschaftlicher Arbeit. Oh, und natürlich der gewissenhaften Lektüre katastrophaler Bücher. Seien Sie stolz auf sich.

Vielleicht nehmen wir ein Glas Wein, bevor Sie Ihre Höllenmaschine fauchen lassen? So viel Zeit muß sein. Zumal ich Ihnen etwas mitzuteilen habe. Zweierlei, genaugenommen: Zum einen tun Sie mir einen Gefallen mit Ihrem Überraschungsbesuch; ich bete seit zwei Jahren um einen gnadenvollen Tod. Zum andern wird der Tag kommen, an dem Sie – nein, ich rede nicht von Rache; meine Sache ist verloren, wie könnte ich von Rache schwadronieren –, es wird also einmal der Tag kommen, an dem Sie Ihr Deutschland mit seinen ideologischen Verstiegenheiten nicht mehr ertragen können. Und dann? Was machen Sie dann? Was wollen Sie unternehmen, wenn Ihre Verdrossenheit Sie zu treiben beginnt, Unbekannten die Hüte herunterzuschlagen, wenn man Hüte noch tragen würde? Die einzige Lösung wird sein, sich davon zu machen. Wohin wird es gehen können auf diesem Planeten, wo Sie und mich Herden böser Affen umzingeln? Nein, beliebiger Fellfarbe. Ich wenigstens habe eine Idee, im Gegensatz zu Ihnen und Ihren Altersgenossen, denen sogenannte Bildungs-experten und – wie mich dieses Wort anwidert – Hochschullehrer alles genommen haben, was trägt und beglückt. Trinken Sie aus, ich schenke nach. Wohin soll es, wohin *kann* es gehen? In das ewige England, junger Mann, auf das geszepterte Eiland, das ewig und niemals besteht. Ich habe hier einen Reiseführer liegen. Rudyard Kipling weist uns den Weg."

Gichtknotige Finger streichen über einen Band in rosafarbenem Leinen, das leicht in den Ton von Apfelsinen sticht; öffnen das Buch an beliebiger Stelle, erlauben einen Blick auf das vor knapp drei Vierteljahrhunderten herge-stellte cremefarbene Papier, auf dem eine recht breite Type sehr dunkel wirkende Versblöcke entstehen läßt, ohne monumental zu wirken. Der alte Mann hustet gewaltig, verzieht ange-ekelt die Mundwinkel, bevor er geräuschvoll Flüssigkeit in seinen Schlund zieht, und blickt lächelnd auf eine der doppelt breiten Leerstel-len vor Satzanfängen. Wie zivilisiert das alles ist… Und welch ein Kontrast zu dem, was den Emeritus an seiner Universität umgeben hat. *Collegiate Gothic?* Von wegen! Dreißig-vierzig

Jahre alte Fahrstühle mit priapischen Fresken; ein gestaltloses Büro- und Unterrichtsgebäude von acht Stockwerken, in dem aus statischen Gründen nicht alle Fenster geöffnet werden durften.

„Da ist zunächst die unverbrauchte, unver-stellte und un-verschämte Liebe zum eigenen Land, so einfach und doch unerreichbar für einen Deutschen wie Sie, der nach dem Zweiten Weltkrieg geboren wurde. Wie schön muß es sein, *so* zu fühlen! Man könnte neidisch werden...

Lehnen Sie sich zurück. Erlauben Sie mir, Ihnen nachzuschenken, und hören Sie Kiplings Verse über einen römischen Hauptmann in Britannien, der seinen Befehlshaber bittet, nicht abziehen zu müssen. Die Insel sei ihm über die vier Jahrzehnte seines Dienstes zur Heimat geworden; die Aufgaben, Mühen, Nöte und Freuden hätten ihn dort verwurzelt.

Warum atmen Sie so schwer? Nein, «bür-gerlich» ist daran gar nichts – der Sprecher ist Soldat, gehört also einer gänzlich unbürger-lichen Organisation an. Das wollen wir doch auseinanderhalten. – Ja, «männlich» ist es, weil hier jemand durch Leistung Heimat gewinnt, genauer noch: männlich, statt «männlich»; man hört förmlich, wie Sie das Wort in *Scare Quotes* setzen, um Ihrer Reserve Ausdruck zu geben, als müßten Sie kontaminiertes Material in eine

Tonne packen, die Tonne kilometertief in gewachsenem Fels endlagern. Junger Mann, wir sind doch unter uns! Haben Sie den Mut, sich derartiger Strahlung für einen Abend auszusetzen? Schließlich können Sie alles, was sich hier ereignen wird, mit einem Knopfdruck auslöschen. Na, also! Machen Sie es sich bequem, vernachlässigen Sie den Wein nicht, und gestatten Sie mir, weiter laut zu denken.

Kiplings römischer Offizier liebt ein Land, das ihm Mühe und Kummer bereitet hat, und neben Mühe und Kummer natürlich auch tiefe Freude. Eben deshalb liebt er es, wenn wir davon absehen, daß auch die Erinnerung an seine – wieder so ein toxisches Wort – Kameraden hineinspielt: es ist kein Eden, ein Eden wäre, wie all das, was die meisten Utopien unserer und jeder anderen Zeit erträumen, sterbenslangweilig. Der Offizier will bleiben und dem Land dienen. *Unser* Drama, ja der Fluch jüngerer Deutscher, wie Sie es sind, ist: wir, auch wir möchten dienen – das beweist Ihnen bereits die Hypertrophie des Ideologischen in der Bundesrepublik, wenn Sie die Adenauerzeit abziehen – und verspüren das nagende, schwer zu verortende Bedürfnis, unserem Land zu dienen, doch wir meinen, nein: wir sind uns ganz, ganz sicher, daß solche Ideen antiquiert und gefährlich seien. Dabei ist drollig: Kiplings römischer Offizier ist ein Migrant, wenn Sie dieses irreführende Wort gebrauchen wollen, oder wenigstens der Nachkomme von Migranten. Bitte? Nein, ein Eroberer? Wie Sie möchten. Dergleichen Übergänge sind viel seltener scharf, als wir glauben." Der Professor hustet in ein penibel gefaltetes Stofftaschentuch und wirft einen prüfenden Blick hinein.

„Schauen Sie, all diese Schlag- und Schreckworte sollen Sie eben erschrecken und jegliches aufkeimende Interesse erschlagen. Kipling ein Rassist, Chauvinist? Kipling, der Barde des Imperialismus? Geben Sie sich *damit* zufrieden? Ein kluger junger Mensch wie Sie? Trinken Sie noch ein Glas Riesling – nein, aus konventionellem Anbau –, und denken Sie bei Gelegenheit darüber nach, ob Imperialismus immer und unter allen Umständen schlecht sei.

Achten Sie besonders darauf, wie mechanisch, wie uninspiriert solche Anwürfe vorgebracht werden, wie façil das ist. Darin liegt ein tiefes Argument gegen allzu selbstgewisses Moralisieren. – Wo wir beim Moralisieren sind, mein Bester: Lassen Sie sich die Gelegenheit nicht entgehen, Kiplings «Recessional» auf die Geschichte der Deutschen, ja, und natürlich auch auf den Zustand der Bundesrepublik Deutschland im zweiten Jahrzehnt des einundzwanzigsten Jahrhunderts anzuwenden. Wie wir uns selbst zurückgestoßen haben unter die niederen Völker, und das gleich mehrmals, das will einem kaum eingehen."

Beide lachen herzhaft, gefolgt von einem Hustenanfall des gebrechlichen Ordinarius.

„Ob ich Sie zu einem bösen, bösen Rechtsintellektuellen machen möchte? Mitnichten! Ich will, daß Sie denken, denken und nochmals denken. Öffnen Sie diese Flasche, es gibt noch mehr zu hören. Natürlich, da haben Sie ganz recht, kann mit Kiplings «Gesetz» auch das religiöse Gesetz, die geoffenbarte Religion gemeint sein. Das ist eine kluge Beobachtung; sie führt uns zu der Einsicht, daß keine Gesellschaft, kein Mensch auf das *Sacrum* verzichten kann. Nein, sondern deshalb, weil Sie ohne das Heilige nur die Wahl haben, ob Sie verrückt oder zynisch werden möchten, wie Kołakowski deutlich macht. Sie werden das merken, irgendwann. Jetzt sind Sie vielleicht noch zu jung dafür; vergeben Sie mir die Bemerkung. – Bei Kipling freilich hat «das Gesetz» eine ganz besondere Bedeutung. Schauen Sie ein wenig in der Literatur herum; Sie werden das schnell verstehen. Mich persönlich erinnert Kiplings Verwendung des Begriffs an manches, auf das Wilhelm Röpke zielt, wo er die sittlichen Grundlagen einer freiheitlichen Gesellschaft beschreibt.

Hören Sie jetzt «The Gods of the Copybook-Headings». – Ist es nicht interessant, daß der

Verführer stets an die Eitelkeit des Manipulierten rührt? Die Angesprochenen wenden sich von dem Vernünftigeren ab, weil sie meinen, auf sensationell Neues gestoßen zu sein, das sie im Unterschied zu den Bürgern und Alltagsmenschen, den «Gorillas», zu erkennen vermögen, etwas Gewaltiges, das ihr Leben umwälzt und von der Existenz früherer Generationen absetzt.

Sie finden die sechste Strophe frauenfeindlich? Worauf gründen Sie Ihr Urteil? Zwei meiner Töchter haben je drei Kinder; sie sind mehr als glücklich in ihrer Ehe, und Sie werden kaum geistreichere Gesprächspartner finden. Die Ältere ist froh, ihre akademische Laufbahn aufgegeben zu haben, um sich ihren Kindern zu widmen; unlängst bedeutete sie mir, ihr sei dadurch ein weit angenehmerer Umgang geschenkt worden; das verschreckte Kleinbürgertum an den, wie sie bösartig betonte, Hochschulen könne ihr gestohlen bleiben. Die Jüngste freut sich auf ihr erstes Kind, während sie an ihrem Neuhebräisch feilt. Ich habe nicht den Eindruck, daß es sich bei den Dreien um unterdrückte Küken handle. Warum heiraten – aber halt, das geht mich nichts an."

Jenseits der Steinbalkenfenster fällt das Grau eines Abends im späten Herbst. Seitdem private Wachdienste an der reichlich vier Meter hohen Doppelmauer patrouillieren, herrscht wohlige Abgeschiedenheit – bloß drei S-Bahn-Stationen vom nächsten sozialen Brennpunkt entfernt.

„Das ist nicht meine Schuld! So sind nun einmal die logischen und moralischen Verhältnisse. Vielleicht mögen Sie, statt dem Überbringer der Nachricht zu grollen, Ihren Blick auf den Umstand lenken, daß die Maximen der *Copybook*-Götter zwar ein wenig kasernenhofartig wirken mögen, jedoch denjenigen, welcher sich an sie hält, lebenstüchtig und also frei machen. Sie sagten mir doch vor einigen Wochen, daß Selbstbestimmung und Freiheit für Sie von grundlegender Bedeutung seien? Hier werden Ihnen deren Grundlagen auf dem Silbertablett geliefert: Sie können, mein Freund, ausschließlich dann dauerhaft in Freiheit leben, wenn Sie in Moral-Dingen einem konservativen Kodex folgen. Wo *der* herkommt? Wenn Sie Glück haben, ist er schon da. Wie hier, in Kiplings «Norman and Saxon».

Unerhört: Der Eroberer lernt vom Eroberten. Mehr noch, der Eroberer bewundert den Eroberten – hier natürlich nicht dieses oder jenes Individuum, sondern die Kultur des Volkes, das im Waffengang unterlegen war. Kipling arbeitet die Mischung aus Ver- und Bewunderung in der Rede des sterbenden Normannen sehr deutlich heraus, nicht wahr?

Das ist eine gute Frage, die Frage aller Fragen! Friedrich August von Hayek – ja, einer der Vordenker des bösen, bösen Neoliberalismus, das gebe ich Ihnen gerne zu – würde sie so beantworten: Die Sitten und Bräuche, auf die der normannische Vater trifft, hat niemand erfunden; sie sind gewachsen. Genau deshalb macht es ein so unglaubliches Glück aus, sie vorzufinden. Verdeutlichen Sie sich das: Es ist unmöglich, eine solche, oder jede andere, Kultur nach Wunsch auf dem Reißbrett zu konstruieren. Wo sie nicht besteht, gibt es sie eben nicht. In unserer Macht steht lediglich, eine solche Kultur zu bewahren oder sie nach Strich und Faden zu verhunzen. Wie in den USA spätestens seit den sechziger Jahren des letzten Jahrhunderts – durch das Wirken «imperialer» Präsidenten und den mittelbaren oder auch direkten Einfluß deutscher Denker. Man möchte vor Scham im Boden versinken."

Nun wird, endlich, der Kamin angefacht. Man wechselt von Weißem zu Rotem.

„Ja, und deshalb, mein Freund, ist es gut und wichtig, daß es das ewige England gibt. Auch und gerade dann, wenn es das ewige England *nicht* gibt. Oder nicht mehr. Wir alle kennen die einschlägigen Bücher und Aufsätze von Roger Scruton und Anthony Daniels. Trotzdem, trotzdem: Verbinden Sie für sich in Gedanken, in Ihrem Geiste, mit Ihrer Vorstellungskraft, was die Götter der Sinnsprüche in den Schreibübungsheften verkünden – kürzer geht das tatsächlich nicht, ja, das zeigt, wie elegant und zurecht erfolgreich dieses Insel-Idiom ist –, mit dem, was den römischen Offizier beseelt und der normannische Baron bewundert, dann haben Sie es. Erwerben Sie's, um es zu besitzen. Und Sie gewinnen ein Refugium, wenn der deutsche Etatismus seine Kapriolen schlägt, Ihre Kommilitonen, die Journaille und unsere politische Klasse einem moralischen Maximalismus frönen, der Sie alle, Ihre kaum vorhandenen Kinder und vielleicht sogar mich noch versklaven wird, sofern ich Ihnen und Ihren Kumpanen in Bälde kein endgültiges Schnippchen schlage.

Nehmen *Sie* jetzt den Band. Hier, lesen Sie uns dieses Gedicht vor, «The Reeds of Runnymede». Und lassen Sie uns lachen, weinen und trinken. Zur Not auch in die Luft fliegen, ganz wie Sie wollen."

Mehr noch als seine Eltern haßte Benedikt seinen Vornamen. Der schmächtige Junge mit dem herrlich dichten, doch ein wenig zu stark gewellten Haar von buchenbrauner Farbe, das er sehr oft wusch, hatte es gut gehabt in dem Vorort einer westdeutschen Großstadt; nichts mangelte ihm, das Geld kaufen konnte; seine musischen Talente wurden gefördert; er hätte sein Studium in Ruhe und zum Wohle seiner selbst und anderer abschließen können. Aber das wollte er nicht. Er wollte strafen.

Es hatte auf der Oberschule begonnen. Benedikts Mitschüler lebten in den Tag hinein, ohne ihre Pflichten zu vernachlässigen; sie mochten diese oder jene Fächer, tolerierten, was außerdem gelehrt wurde, und freuten sich auf ihren Sportverein, die wöchentliche Party; sie verliebten sich, fanden und verließen einander; einige feilten an der Begründung ihrer Kriegsdienstverweigerung; viele dachten, obgleich recht selten, über ein künftiges Studium nach. Betrachtete Benedikt die jungen Menschen aus seinem Vorort, mit denen er den Klassenraum teilte, nagte etwas in seinem Geweide, ohne daß er hätte sagen können, worum es sich handle. Er konnte sie nur mit Mühe ansehen, ohne von einem Gefühl gequält zu werden, das dem Zahnschmerz ähnelte, aber unterhalb des Magens angesiedelt war. Zuweilen wurde es von einem schmerzhaften, mehrmaligen Hin-und-Her-Schnappen des Gewebes begleitet. So faßte Benedikt einen Entschluß, von dem er bei redlicher Gewissensprüfung – die freilich ausblieb – hätte zugeben müssen, daß er von Rat- und Orientierungslosigkeit, ja einem Gran Langerweile beeinflußt worden war. Er wollte fortan jenes Spiel von Krämpfen für ein Zeichen der Erwählung halten; von nun an galt der schmächtige Junge aus dem Vorort sich selbst als der Einsichtige, der Echte und Wahrhaftige, während die anderen zu „Anderen" gerieten, zu denen, die das Allermeiste und ganz sicher alles Wesentliche falsch machten, deren Leben „flach" war. Dramatische Wetterwechsel spielten sich vor Benedikts Augen ab. Zu rollendem Donner, unter stürzenden Böen, in scharfen Kontrasten wie aus einem expressionistischen Stummfilm würde der schmalschultrige Oberschüler die letzte Fissur in den Seelen seiner Zeitgenossen ausleuchten!

Übermensch fühlt übermenschlich,
Weil er Winternächte frierend
Um das Grab von Gottfried Benn schlich,
Dessen Verse rezitierend.

Derart auf sein Amt bereitet,
Schaut er auf die große Schar der

„Dutzendmenschen", was bedeutet:
Sie sind Küken, er der Marder.

Übermensch wär nun zufrieden,
Würden Küken Marder lieben.
Sie tun's nicht! Und Marder schrie, denn
Marder fühlte sich vertrieben.

Einsam ist er drum, er leidet,
Weil die Welt entsetzlich roh ist,
Flüchtet in den Geist und meidet
Allen Plebs, der flach und froh ist;

Daß die Nichtse wirklich nichten,
Schreibt er und von Sinn und Sühne;
Und von seinem Buch berichten
Alle Hochglanzmagazine…

Benedikt hatte ein Abenteuer gefunden, das privaten Charakters und harmlos zu sein schien; es fesselte sein nicht unbeträchtliches Talent zu ihrer Möglichkeit nach schöpferisch geistiger, wenigstens aber intellektueller Betätigung, wie es der Unterricht auf dem durch diverse Reformen ruinierten Gymnasium schon lange nicht mehr vermochte; außerdem gab es den Wochenenden Würze, die er mit seinen Eltern und herzensguten Schwestern verbringen mußte. *Alle* Menschen versammelten sich vor Benedikts geistigem Auge in einer Petrischale; *er* segregierte und sezierte. Schon bald fiel ihm auf, daß an seiner Oberschule ein grobschlächtiger Kodex herrschte. Das Denken seiner zumeist stumpfen Lehrer stimmte mit der Ausrichtung der meisten Schulbücher überein; und ebenso mit der stiefelleckenden Betroffenheit vieler Schüler, die sich in den Gerede-Fächern und der Biologie hervortaten, sobald und soweit im weitesten Sinne Ökologisches hineinspielte. Was da von vibrierenden Pickelgesichtern mit einer an Entseelung grenzenden Begeisterung repetiert wurde, als handle es sich um die Entdeckung der übernächsten Bio-Limonadensorte, führte Benedikt auf fünf Eckpunkte zurück: „Europäer und Nordamerikaner sind Unterdrücker." „Kapitalismus ist böse." „In den USA und Ostasien herrscht Turbo-Kapitalismus." „Der Planet stirbt, und das ist unsere Schuld." „Männer sind primitiv und schädlich, Frauen sensibler, freundlicher, besser." Besonderes Vergnügen fand Benedikt darin, einige dieser Kernsätze zu korrelieren, um die Reaktionen seiner Vor-ort-Genossen abzupassen: „US-Amerikaner sind Kolonialisten und Turbo-Kapitalisten, also superböse. Am schlimmsten sind die Männer." Als ihn ein besonders dämlicher Mitschüler auf eine derartige Kritzelei ansprach, war der bewundernden Zustimmung kein Ende. Und Benedikt sah, daß er etwas in der Hand hielt, das Macht schenkte.

Wie wenig doch nötig ist, als tiefer Denker durchzugehen! Benedikt fütterte seine Umgebung, als handle es sich um Huftiere: mit Zuckerwürfeln in Grün und Rot. *Selbstverständlich* sind die USA von Übel; *selbstverständlich* brauchen wir mehr Staat, um der Verelendung zu wehren. *Selbstverständlich* bringen wir die Erde um, wenn wir so weiter machen. Die Lehrkörper blickten ihn zufrieden an; auch im Ansehen der Klasse stieg Benedikt langsam auf. Dergleichen mußte sich doch noch steigern lassen.

Als eines Sonntags Benedikts gutartige, doch im Umgang mit ihren Kindern in einer alle tiefere Empfindung leugnenden Förmlichkeit verfangenen Eltern über Purcell sprachen, dabei in durchweg angenehmer Weise einflochten, daß ihr Stammhalter seine Etüden vernachlässige, worauf die Schwestern den Vater über dessen letzte Einstudierungen unter dem kürzlich, wie konsequent formuliert wurde, „entschlafenen" Giuseppe Sinopoli ausfragten, reifte im Filius die Einsicht heran, daß ästhetische Dinge nicht vernachlässigt werden dürfen. Es begann eine kritische Analyse des eigenen Habitus. Das Ergebnis war vernichtend; Benedikt wirkte zu freundlich, zu fröhlich und, vor allem, zu nachbarhaft, zu gewöhnlich, um sich hervorzutun. Darum entwickelte der schmächtige Junge aus einem im

Großen und Ganzen glücklichen Hause, dessen Garten für Ballspiele zu klein und zu gepflegt war, einen ausgefeilten Negativ-Stil. Die gutgeschnittenen Baumwoll-Hosen und Polohemden verschwanden; frequentiert wurden fortan ausschließlich Geschäfte, die gebrauchte Kleidung und ausgemusterte Bundeswehr-Bestände führten; Farben taugten nur dann, wenn sie schlammig oder düster anmuteten; Muster, Embleme, Motive und Schriftzüge verkündeten alles Elend der Welt. Der Entschluß, die Kleidung selten zu waschen, setzte einen olfaktorischen Akzent. Benedikt war nun unverwechselbar, soweit der Vorort reichte.

Mit den neuen Insignien angetan wie der Floh in Mephistos Lied – vor einiger Zeit hatte der elterliche Nußbaumtisch einen Vergleich der Vertonungen Beethovens und Mussorgskijs vernommen –, erlebte Benedikt, wie sein Ruf sich zentrisch vertiefte. Einige wandten sich ab; das waren die Flachsten, gut, aber auch sie nahmen ihn wahr, sprachen vielleicht über ihn. Andere begannen sich zu gruseln; das war gut so. Mit denen ließ sich etwas anfangen. Denn der Schrecken wirkt wie eine panzerbrechende Granate; frißt er sich durch die verteidigenden Schichten, verheert er von innen. Schließlich gab es eine Handvoll Menschen um Benedikt, die ihn bewunderten. Das war dem schmächtigen Jungen, der sein herrliches Haar seit einiger Zeit (und zum Leidwesen seiner bedauerlich biederen Mutter) in *Dreadlocks* verwandelt hatte, angenehm, wiewohl ein Preis dafür zu zahlen war. Die engsten Bewunderer nämlich, gerade auch die Mädchen unter ihnen, waren mit schweren Makeln intellektueller und ästhetischer Art geschlagen; sie glichen Stiefeln, so dumm waren sie, daß sie marschierten, wohin und wie weit die fünf Eckpunkte deutscher Ideologie sie befahlen; sie waren unmusikalisch und, Benedikt seufzte in solchen Momenten, häßlich. Wie sollte man sich da verlieben?

Freud schuf Abhilfe, mehr noch dessen gröberer Schüler Reich, der in Kompanien grotesk billiger, augenpfeffrig gesetzter Taschenbücher aus den siebziger und achtziger Jahren antiquarisch verfügbar war. Ab jetzt wurde jedes Verhalten, das Benedikt mißhagte, einer psychologisierenden oder sexualisierten Deutung unterzogen. Dergleichen paralysierte wie der Einsatz chemischer Kampfstoffe. Benedikt war begeistert. Und das Beste war: Man konnte das Gift auf die eigene Sehnsucht anwenden. Der schmächtige Oberschüler schuf sich um zu einem befreiten Menschen, den keine Vorurteile bürgerlicher Verantwortlichkeit oder solche romantisch-schwärmerischen Zuschnitts knechteten. Er konnte nun gebrauchen und verbrauchen, ohne den Sog eines mahnenden Gewissens zu verspüren.

Zeit, den Vorort hinter sich zu lassen. Benedikts Eltern bezahlten unter bloß gelegentlichem Murren ein WG-Zimmer in einem schmuddeligen Viertel nahe der Innenstadt, das, etwa zwanzig Kilometer entfernt, ein ungleich bedeutenderes Sein zu schenken versprach. Dort kam die Gegenwelt zusammen; Menschen, die so tief waren, daß sie Goethe belächelten.

Für Benedikt bedeutete der Wechsel Konkurrenz im Privaten und auch „Geschäftlichen", da er seit einigen Wochen studierte. Was im Vorort verfing, verschob den WG-Genossen oder Kommilitonen keinen Gesichtsmuskel. Deshalb mußten neue Waffen ins Arsenal. Zum Beispiel einige dunkelblaue Bände. Marx versprach einiges. Kaum jemand hatte ihn gelesen. Hier ließ sich mit moderatem Aufwand Überlegenheit demonstrieren und, besser noch, drohen; denn auf den Brettern Benediktscher Rede trat die Geschichte nun auf als etwas, das von impersonalen Mächten, der Tektonik historischer Notwendigkeit gewalkt wurde. Befriedigt sah der junge Student seine beiden unerträglich freundlichen Schwestern, aber auch die Zufriedeneren unter seinen Kommilitonen, jene also, die in seinem anämischen Elternhaus als die Gefälligeren gegolten haben würden, in Ameisen verwandelt, die unter Tonnengewichten zermalmt werden – und wissen, daß dies geschehen wird.

Als nützlich erwiesen sich zudem die von Marx eigenhändig in sein System eingebauten Selbstvergewisserungsmechanismen: Wer Benedikt nicht zustimmte, hatte ein falsches Bewußtsein. Zur Verwunderung des jungen Mannes aus dem Vorort akzeptierten sehr viele derer, die er in vernachlässigten Waschbetonbauten mit weniger bekannten Textfetzen aus dem Werk Marxens traktierte, ihre Herabwürdigung vom Vernunftwesen zum Kerbtier. Empfanden sie Freude dabei?

Schlußendlich ließen sich Umwertungen in der Nachfolge Nietzsches anbringen; dessen Werke waren in mehreren guten Ausgaben wohlfeil zu haben, dazu online verfügbar, also rasch nach dieser oder jener Phrase zu durchsuchen – und woben einen Ruch von strenger Wissenschaftlichkeit um denjenigen, der mit halbverstandenen Zitaten um sich warf, weil manche Herausgeber die Schreibung des späten neunzehnten Jahrhunderts erhalten hatten. Wer seine Verameisung, den Beschuß mit panzerbrechenden Granaten, die Grün- und Gelbkreuzangriffe überlebt hatte, wer dennoch trotzig stand und in seiner „Flachheit" glücklich zu sein wagte, dem würde Benedikt einen silbernen Nagel aus dem Text-Korpus des Donnerers gießen. So ließ sich leben.

Jahre später, als Benedikt Titel trug, die seine alternden Eltern stolz machten, und an einer mittelmäßigen Universität auf den britischen Inseln lehrte – denn sein Studium *hatte* er abgeschlossen, bloß nicht zum Wohle seiner selbst und anderer –, dämmerte die Gelegenheit herauf, seine Meisterschaft zu beweisen. Da war dieses slowakische Naivchen, die reichlich dreißigjährige Gemahlin eines vor acht Jahren eingewanderten Handwerkers selbiger Nationalität, der es mit Geschick und Fleiß verstanden hatte, in Großbritannien ein mittelständisches Unternehmen aufzubauen. Der stoppelhaarige Depp tat alles, um seiner Frau jeden Wunsch von den zugegebenermaßen reizenden Augen abzulesen. Ein Zweit-Autochen, möglichst ein weißes Cabrio? Aber gern! Ein Studium? Natürlich, Schatz, Bildung ist wichtig. – Und Bildung sollte die Dame bekommen, oder eher „Bildung", denn Benedikt fütterte seine Hörer Semester um Semester mit den schädlichsten Bildungssurrogaten, die er finden konnte. Alles war so berechnet, daß die merklich vorhandene, wiewohl nicht übermäßige Eitelkeit seiner Schäfchen jegliche Bedenken aushebeln werde auf dem steilen Weg von traditioneller Umnachtung zur „postkonventionellen Moral", zur „sozialen" und „Geschlechtergerechtigkeit", zur erhebenden Aussicht, „wissenschaftlich", „rational" und „im Hinblick auf die *ganze* Menschheit", „global" zu denken. Rudyard Kipling hatte das meisterhaft beschrieben! Und in der Tat, das slowakische Dämchen ließ sich, beträchtlicher Intelligenz ungeachtet, ganz wunderbar manipulieren. Unzufriedenheit begann, an Seele und Ehe zu nagen. Zwei-drei toxische Theorien, einige Treffen noch, um die Master-Arbeit in aller Gründlichkeit zu besprechen, und sie dürfte ihren Mann verlassen, um ein „wahrhaftigeres" Dasein als alleinerziehende Mutter und „befreiter" Mensch zu beginnen.

Was für ein Spaß! Was für eine Befriedigung!

AN DER GRENZE

Die meisten Tage waren ruhig. *Porucznik* (Oberleutnant) Tokarski hatte selten mehr als fünfzig-sechzig Flüchtlinge über die Neiße in Empfang zu nehmen. Knapp ein Siebtel akzeptierte er; die Menschen wurden Richtung Legnica und Wrocław transportiert, sofern sie, wie häufig, kein eigenes Fahrzeug besaßen. Der Rest wurde für gewöhnlich zurück in die Bürgerkriegsgebiete westlich der Oder geschickt; einige wenige, deren Daten zu der Annahme führten, daß sie an Greueln beteiligt gewesen waren, wurden vor Ort gefangengesetzt, um in das Hochsicherheitsgefängnis auf der Festungsinsel Kostrzyn überstellt zu werden. Aus Kostrzyn war nie jemand entkommen, wohin auch? Zwölf Kilometer jenseits der Oder gehörten zur Pufferzone, die die Truppen der *Rzeczpospolita Polska* zusammen mit der US-Army eingerichtet hatten; das menschenleere Gebiet wurde peinlich genau überwacht. Westlich davon herrschten Hunger und Mord.

Tokarski kannte kein anderes Europa, seitdem er die Matura abgelegt hatte und in die polnische Armee eingetreten war. Sorgen machte er sich kaum – die Staaten der *Grupa Wyszehradzka* prosperierten, die Fertilitätsrate der indigenen Bevölkerung lag bei 2,6, und die

Zusammenarbeit mit dem Angelsächsisch-Skandinavischen Bund, der von Nordamerika über Island und das Vereinigte Königreich bis nach Finnland und die baltischen Republiken reichte, klappte vortrefflich. Die freundschaftlichen Beziehungen zu Israel sorgten für einen regen Wissens- und Erfahrungsaustausch. Sogar das einige Jahre scharf am ideologischen Abgrund operierende Kalifornien hatte kürzlich einen Botschafter in die *Rzeczpospolita* entsandt; es wollte wieder zum Rest-Westen gehören.

Tokarski prüfte über seinen Handgelenk-Computer die neuesten Nachrichten und Weisungen aus dem regionalen Befehlszentrum Żagań. Von der für diese Woche angekündigten Welle Neuköllner Freischärler war bislang wenig zu spüren gewesen. Wahrscheinlich wollten sie wieder Lebensmittel, Treibstoff und, wenn es sich ergab, ein paar PKW-Ersatzteile oder junge Frauen rauben. Sollten sie nur kommen! Tokarski blickte auf die schlanken Doppelläufe über den Dächern der vier blendend gepflegten leichten Gefechtsfahrzeuge neben ihm; seitdem die *Żółw Ostropyski*-Betriebe in Olkusz mit Partnern in Schweden, Israel und den USA kooperierten, liefen die Dinge besser denn je. Natürlich hatte auch die nahezu vollständige Immigration der Belegschaften zweier namhafter deutscher

Waffenhersteller zum Aufschwung der polnischen Rüstungsindustrie beigetragen; aber man sprach ungern davon, weil die stilisierte Abbildung einer Maschinenpistole, die eine dieser beiden Firmen westlich der Oder produziert hatte, auf den Fahnen, Abzeichen und Verlautbarungen einer der deutschen Bürgerkriegsfraktionen geführt wurde – schwarz in rotem Stern, wie schon in den siebziger Jahren des vergangenen Jahrhunderts, doch auf grellem Gelb mit dem Zusatz „Germania candidior".

Was nur war schiefgelaufen in dem einst so reichen, vor Talent und Arbeitsamkeit überbordenden Land westlich der Oder? Tokarski erinnerte sich, wie er als Teenager, knapp zwei Jahre vor der Matura, einige Wochen an der nordwestdeutschen Küste verbracht hatte. Die sonntäglichen Messen hatten einen bestürzenden Eindruck hervorgerufen: Man tat mit der Liturgie, was gefiel; drei ältere Weiber in Gewändern, die sich von jenen des Ministranten und der Ministrantin als etwas durchaus Lästerliches unterschieden, drängten sich im Altarraum unter einem von der Spannbetondecke herabhängenden Kruzifix, dessen Antlitz weder Leiden noch Würde abstrahlte, da es an einen Frosch gemahnte; von *Transsubstantiatio* war nichts zu ahnen, als seien deren Implikationen den Versammelten peinlich; man sang mißglückte Lieder aus der zweiten Hälfte des zwanzigsten Jahrhunderts, in denen viel von „Gemeinschaft" die Rede war. Sünde kam nicht vor. Der Ewige geriet zum freundlich-laschen Therapeuten. Und sämtliche liturgischen Gesten des wackeren Priesters, der ja auch noch da war, aber nicht recht durchdrang, weil er es sich aus Gründen, die in das Reich der Metapolitik gehören, so lange schon verboten hatte, bis er kaum noch das Bestehen der Möglichkeit verspürte, wirkten wie ein Überbleibsel, das früher oder später „modernisiert" werden würde.

Die Deutschen hatten, schien es dem *Porucznik*, über alles Talent für Technik und Organisation vergessen, was Hierarchie ausmacht und ermöglicht. Wie hatte es damals angemutet, das Leben in jenem nordwestdeutschen Vorort, wo er zu Gast gewesen war? Tokarski hatte bei einem Handwerker gewohnt, einem geraden, bärenstarken und beileibe nicht dummen Manne; dessen Gemahlin arbeitete in der Gemeindeverwaltung. Die aus unerfindlichen Gründen einzige Tochter lernte fleißig auf dem Gymnasium, was es über Klimawandel, Artenvielfalt, den Turbokapitalismus in den USA und Ostasien, alle sonstigen Ungerechtig- und Boshaftigkeiten, die das Menschengeschlecht kasteien, zu lernen gab, war bislang jedoch – sehr wahrscheinlich des Einflusses ihrer „einfachen" Eltern wegen – in keiner ernsthafteren Depression versunken. Große Sprünge allerdings kamen weder für sie, noch ihre Eltern in Frage. Steuern, Abgaben, Nebenkosten fraßen; Regelungen erstickten. Dafür drehten sich allüberall Steuermittelverbrennungsanlagen, die nachts rot blinkten.

In der fingerdick verdreckten Nachbarwohnung die qualifikations- und arbeitslose Mittdreißigerin von reichlich einhundertfünfzig Kilo, eine Räumungsklage wegen Verwahrlosung am Hals, schwanger von ihrem Lebensgefährten, einem, was Augenmerk verdient, treuen und seit acht Jahren durchgängig erwerbstätigen Manne, dem vor nichts grauste. Freilich war er kaum leichter. Im Erdgeschoß die Lebensgemeinschaft mit drei Kindern unter vierzehn, von denen bloß eines das gegenwärtige Oberhaupt gezeugt hatte, aber alle wie „Papa" Tätowierungen auf den Waden trugen. Man verstand sich, zumeist. Wenn nicht, wurde es laut. Schließlich die Familie aus dem Haus gegenüber. Spätaussiedler der Vater, die Mutter aus Bielefeld. Freundliche Leute, fleißig und erfolgreich – jahrzehntelange Schwarzarbeit beider Eltern bei Sozialhilfe. Wenn nur die inzwischen ältliche Mutter weniger oft darüber geklagt hätte, daß ihrem bei irgendeiner mäßig wichtigen Landesbehörde tätigen

Sprößling staatlicherseits vom Gehalt abgezogen werde, um zum Lebensunterhalt seiner Eltern beizutragen.

Natürlich, das wußte Tokarski, hatte auch in Polen nicht immer alles zum Besten gestanden. Doch hatten seine Landsleute eingesehen, daß *Polska opiekuńcza*, der Sozialstaat, kräftig zurückgeschnitten werden mußte, wenn die Wirtschaft erstarken sollte; von einem wachsenden Kuchen würden *alle* mehr haben. Mit der schrumpfenden Hängematte verschwanden viele Pathologien, und das bereits in den Schulen: die anfangs des neuen Jahrtausends verbreitete Mode, Kindern per pädagogisch-psychologischem Gutachten das Lernen zu ersparen, verflüchtigte sich binnen zweier Jahre. Überkommene Läßlichkeiten, durch die Tokarskis *Rodacy* gut ein Viertel ihres wirtschaftlichen Potentials verbrannt hatten, Vettern- und Freunderlwirtschaft, für die sie verrufen gewesen waren, fanden weniger und weniger statt.

Tokarski schaltete den Handgelenk-Computer vom Dienst- auf den privaten Modus um. Seine Frau war um diese Tageszeit an der Universität Wrocław, um über die kulturellen Grundlagen der fünften *Rzeczpospolita* zu lehren, der Nachwuchs mit allerlei Nützlichem beschäftigt – die beiden jüngeren Kinder frequentierten

Englisch- und Robotikkurse, der Älteste übte an der 1903 geweihten Orgel der *Kościół św. Antoniego*, die als Sankt-Anton-Kirche erbaut worden war. Da wollte Tokarski nicht stören – desto mehr, als er es liebte, Werke der norddeutschen Orgelschule in der strikten, die Architektur der Stücke wie ein funkensprühendes Gitter mitten hinein in das Mittelschiff der Basilika projizierenden Ausführung seines Sohnes Adrian zu hören. Woher dessen Talent stammte, war Tokarski unverständlich – und unheimlich, seit er einen der späten Romane von Tomasz Mann gelesen hatte. Diese verrückten Deutschen! Immerhin mochte es sich um einen jener Sachverhalte handeln, von denen seine schlanke, fromme und kluge Frau sagte, es sei kein Zufall.

Die Immigranten aus den deutschsprachigen Bürgerkriegsgebieten schätzten Adrians Musik, ob während der Messe oder abendlicher Konzerte. Probleme mit der Integration dieser Menschen hatte es kaum gegeben, weil weder Grenzübertritt, noch Aufenthalt ein Recht bildeten. Beides waren Privilegien. Begrüßungsgelder, Integrationskurse und regelmäßige Unterhaltszahlungen für ungebetene Gäste, wie der *Failed State* westlich der Oder sie trotz phantastischer Verschuldung eingeführt hatte, gab es nicht. Daher wurde das Polnische, wiewohl alles andere als einfach, mit achtenswerter Energie erlernt, das neue Heimatland nach Kräften gestärkt.

Es war Tokarski angenehm, daß seine Familie in der sicheren Zone lebte, nicht in den als gefährdet geltenden achtundvierzig Kilometern im äußersten Westen der *Rzeczpospolita*. Was freilich hieß „gefährdet"? Die Raketenabwehr funktionierte tadellos; alle Durchbrüche der vergangenen Monate waren im Streifen A abgefangen worden, das heißt innerhalb der ersten zwölf Kilometer diesseits der Grenze. Der letzte Gefallene war vor sechs Jahren zu beklagen gewesen, toi toi toi, seitdem gab es ausschließlich Verwundete, und das selten genug. Man könnte langsam daran denken, eine Friedenstruppe über die Oder zu entsenden, um die sächsischen Separatisten zu unterstützen. Das wäre ein schnell und sicher auszuführender Plan, dazu von historischem Reiz. Nordrhein-Westfalen war in jedem Fall verloren.

VERZEICHNIS DER GEDICHTÜBERSCHRIFTEN UND -ANFÄNGE

Gesetzt aus der Palatino Linotype.

Bibliografische Information der Deutschen National-
bibliothek: Die Deutsche Nationalbibliothek
verzeichnet diese Publikation in der Deutschen
Nationalbibliografie; detaillierte bibliografische Daten
sind im Internet über http://dnb.dnb.de abrufbar.

Homepage des Verfassers:
www.karstendahlmanns.com

Herstellung und Verlag:
BoD – Books on Demand, Norderstedt

ISBN 978-3-7460-6411-6